LUIS F. GONZÁLEZ ASPURU

EL TALENTO: LA NUEVA GUERRA CORPORATIVA

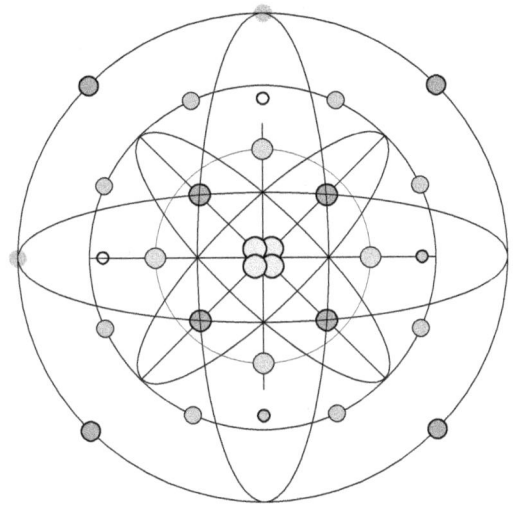

LUIS F. GONZÁLEZ ASPURU

EL TALENTO
LA NUEVA GUERRA CORPORATIVA

IMPULSO EDITORIAL

SÉLECTOR

El talento:
la nueva guerra corporativa
© Luis F. González Aspuru

© Genoveva Saavedra García, diseño de portada

D.R. © Selector, S.A. de C.V., 2019
Doctor Erazo 120, Col. Doctores,
C.P. 06720, Ciudad de México

ISBN: 978-607-453-646-1

Primera edición: junio de 2019

Características tipográficas aseguradas conforme a la ley. Prohibida la reproducción parcial o total mediante cualquier método conocido o por conocer, mecánico o electrónico, sin la autorización de los editores.

Impreso en México
Printed in Mexico

*Para la primera persona que confió
en mi talento:*

mi papá, el Chief

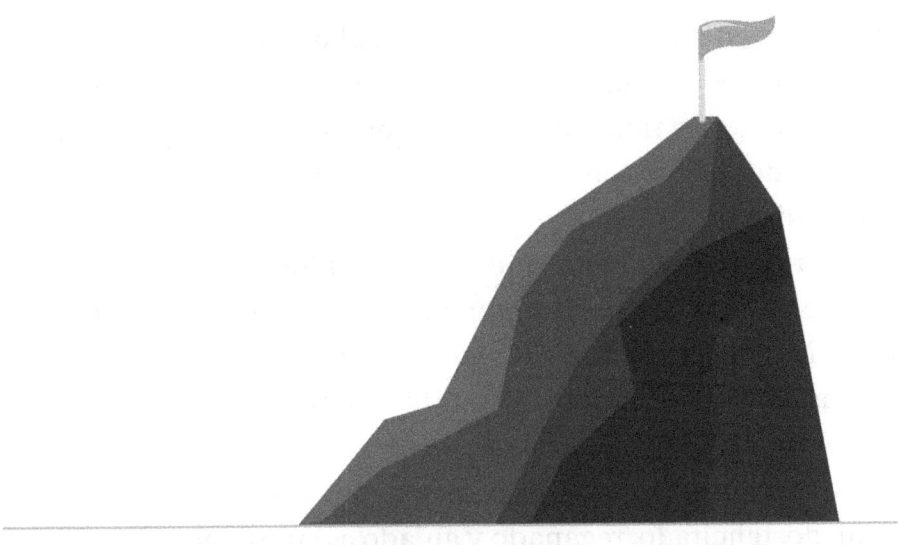

Agradecimientos

En particular, quiero agradecer a mis hijos Fer, Ro y Zax, quienes son mi fuente de inspiración, y por quienes prometí entregar mejores personas al mundo.

A Paula, quien ha creído incondicionalmente en mí y que, con sus conocimientos, es copartícipe de esta obra.

A mi mamá y mi tía Isa, quienes se formaron como terapeuta y psicóloga, respectivamente, con hijos adolescentes, y han sido mi modelo de crecimiento personal.

Muchas personas, grupos, empresas, líderes, *coaches* y organizaciones son coautores de este libro. Sin embargo, trataré de mencionar algunos de ellos: al equipo Asgar, cada uno de ustedes me ha inspirado a dar lo mejor impulsando el crecimiento de nuestra organización. Tanto al *staff* como el equipo de facilitadores y *coaches*, ¡gracias por ser parte de nuestra misión!

A la organización EO, que cambió mi forma de pensar y me abrió un nuevo mundo empresarial anteriormente desconocido. Mis dos foros han sido modelos de liderazgo a seguir. Decenas de empresarios me han influido y enseñado en estos ocho años.

A mis clientes: cada uno de ustedes me ha enseñado, empujado, felicitado, regañado y guiado a dar un mejor servicio. ¡Gracias por su confianza!

"Leer este libro me generó valor a nivel personal y laboral. Encuentro una guía para mejorar procesos clave en la búsqueda del mejor talento en esta guerra de constante cambio. Gracias, Luis, por compartir tu talento y continuar inspirando líderes."

Idania Salazar
Gerente de Transformación Comercial
Telmex, IT

"Luis me confirma en sus palabras que 'en el campo del desarrollo humano, el perfeccionamiento del talento cada vez se convierte en una pieza clave para disfrutar de una vida plena, conseguir grandes satisfacciones existenciales y, al mismo tiempo, lograr empresas rentables'. Como especialista en el reclutamiento de ejecutivos y al mismo tiempo emprendedor, no encuentro mejor definición para la necesidad de talento en las empresas."

Olegario García M.
CEO y *founder*
Gape Business Group

"Luis aborda temas fundamentales de la administración del talento con una perspectiva visionaria, una gran profundidad y con la claridad y sencillez que siempre le han distinguido. Considero que este libro no es solo para leerse, sino para consultarse continuamente en este apasionante mundo del talento."

José A. Martí
Director ejecutivo
RH Citi Group Latinoamérica

"Muchos empresarios ya tenemos claro que el talento es un componente estratégico para el éxito de nuestros negocios. El problema real está en pasar de esa claridad conceptual a la implementación de un modelo que realmente nos funcione. En este libro Luis atiende esta problemática de manera contundente al transmitirnos, de manera integral y aplicable, la forma de atraer, desarrollar y retener a los mejores colaboradores para las necesidades particulares de nuestras empresas."

Nicolas Hauff
Autor de *Los tres desafíos*
CEO y *coach* empresarial
Fillgap

"Este libro es una herramienta indispensable para todo líder actual que desee ganar conscientemente la guerra de talentos. Utilizando un lenguaje sencillo, ejemplos claros y herramientas virtuales, Luis mantiene el interés del lector de principio a fin."

Roberto Elizalde S.
Director y *coach*
D+H Consulting

"Como empresario, uno de los temas más retadores a los que me enfrento todos los días es cómo encontrar y formar a la gente y, por ende, la cultura de la organización. En su libro, Luis ataca el tema de frente, de manera profunda y con un espíritu progresista. Sus *insights* me han sido muy valiosos y con este libro los pones a disposición de todos. ¡Bien por eso!"

Roberto Capuano
CEO y *founder*
Enlight

"¡Excelente libro, muchas felicidades! Me gustó mucho porque es realmente práctico. Nos da buenos consejos y elementos necesarios para poder reclutar y retener talentos en nuestras organizaciones."

Gerhard Kohler
CEO y *founder*
Geko Industries

"Luis, de forma sorprendente, te enseña, a través de sus conocimientos y experiencia, cómo realmente obtener un retorno sobre tu inversión de los diferentes programas de desarrollo de capital humano. Su libro es una guía práctica de cómo planear de manera efectiva cada fase del reclutamiento, formación y retención del activo más importante de la empresa: ¡SU TALENTO!"

Ricardo Carvajal Bluhm
Fundador y socio
Nuevos Campus Instituto Thomas Jefferson

"Luis es un gran emprendedor y un verdadero experto en RH, que ha sabido reinventarse a los cambios. Este libro es un *must* para cualquiera que quiera entender cómo atraer y desarrollar el capital humano. Como Luis estoy convencido de que, sin la gente adecuada, ninguna organización podrá sobresalir."

Alejandro Rocha B.
Socio fundador
Zimma Corp. Finance Soldiers
Field Agents

"Siempre escuchamos que la evolución es parte del día con día, pero nos olvidamos de ello y creemos que es suficiente con lo que aprendemos en cierto momento de nuestra vida. Me encanta la manera en que Luis nos ayuda a hacer conciencia acerca de la importancia de nuestro crecimiento para entonces mejorar nuestra empresa y atraer, retener y hacer crecer a nuestro equipo de trabajo."

Salvador Cababie
CEO y *founder*
Sacamo Group

"Sin duda el nuevo mundo corporativo, en constante evolución, influenciado por la nuevas tecnologías y formas de comunicación, nos enfrentan a nuevos retos. En este libro, *El talento, la nueva guerra corporativa*, de forma clara y con una visión integral se captura cómo reconocer, desarrollar y retener el talento, elemento fundamental para alcanzar el éxito."

Eduardo Pérez del Villar
Director
Banca Seguros, Grupo Nacional
Provincial, S. A. B.

Índice

Agradecimientos 9

Testimonios 11

Introducción 19

   La portentosa velocidad de los cambios 19

   El origen del estrés empresarial 23

   El talento y la persona 31

¿Qué es el talento? 31

   El talento y sus implicaciones 37

   El origen de la palabra *talento* 39

¿Por qué es tan importante el talento? 47
Desarrollar tu talento puede hacerte feliz 47
¿Quién determina el talento? 52

El secreto para atraer el talento 61
La atracción del talento que requerimos 61
¿Qué tipo de talento queremos? 69
¿Cómo lo encontramos? 71
¿Cómo lo integramos? 75

La clave para formar talento 85
¿Por qué es importante la formación? 86
La Tasa Interna de Retorno de la capacitación 87
Diagnóstico de la situación actual 93
DNC (Detección de Necesidades de Capacitación) 100
Plan de Formación Estratégico 107
Operación de la capacitación 111

Estrategias para retener el talento 129
Liderazgo de la Dirección 129
Plan de crecimiento, desarrollo y carrera 144
Remuneración 156
El *outsourcing* 177

El *coaching* como herramienta 187
Antecedentes del *coaching* 187
El coaching y el desarrollo del talento 188
Los tipos de *coaching* 190
Reflexiones acerca del *coaching* 198

Conclusiones 201

*El talento no ha de servir para saberlo
y decirlo todo, sino para saber lo que
se ha de decir de lo que se sabe.*

Mariano José de Larra

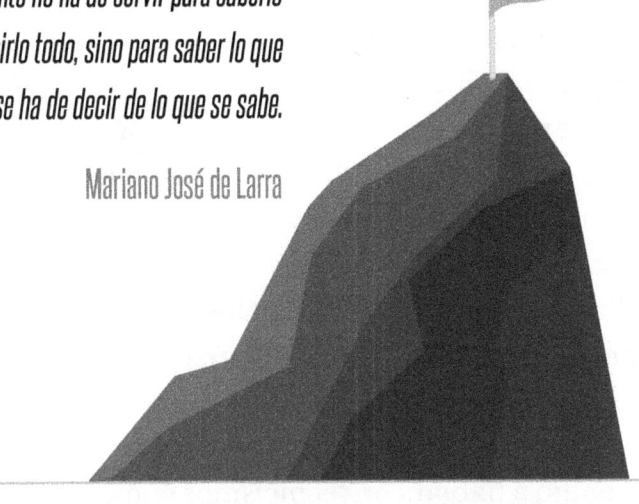

La portentosa velocidad de los cambios

Imaginemos a Rodrigo, una persona nacida en 1965, quien, luego de concluir sus estudios universitarios, comenzó su etapa laboral a finales de los ochenta, momento en que todo mundo hablaba con expresiones tales como "calidad total", "diagramas de Ishikawa", "diagramas de Pareto" y otros innumerables vocablos japoneses. En esta época, la eficiencia y eficacia lo eran todo: las entregas "justo a tiempo" y las 5S regían todo su mundo empresarial.

Cuando Rodrigo comenzaba a sentirse cómodo en esta etapa e iniciaba su crecimiento en los escalafones corporativos, le señalaron que ahora lo importante era la mercadotecnia y, por supuesto, las finanzas. Como consecuencia, los mercados de valores y Wall Street se convirtieron en el lugar aspiracional para cualquier persona que quisiera amasar dinero o tener un renombre rápidamente. Los puestos de marketing fueron ocupados por los mejores aspirantes, motivo por el cual surgió un nuevo personaje: el mercadólogo o "marketero".

Dicho personaje rápidamente se adaptó al nuevo entorno. Aprendió a hablar con tecnicismos como: "De acuerdo con los últimos *focus group*, hemos encontrado que nuestro *market share* ha bajado. Al mismo tiempo, el *top of mind* de nuestra marca ha crecido solamente 32% para la población AA. Creo que es momento de invertir en futuros y quedarnos *short*". Dichas expresiones pueden resultar sorprendentes al poco versado en estas cuestiones; sin embargo, esta terminología se convirtió en materia común y, además, en muy breve tiempo.

Regresando al caso de Rodrigo, tenía ya 30 años de edad y era gerente de su compañía. Estaba recién casado y era extremadamente ambicioso. Sabía que existían retos que debía afrontar, pero eso no le preocupaba, puesto que todo se puede aprender.

Sin embargo, la cuestión se complicó aún más: llegó internet y la comunicación se revolucionó de forma totalmente insólita. Con el arribo de este nuevo integrante, aparecieron el correo electrónico y las páginas web... nuevos vocablos, nueva tecnología y nuevas reglas del juego. ¡Otra vez!

Rodrigo, quien ahora tenía 35 años, debió aprender a escribir en computadora, utilizar las nuevas tecnologías del teléfono celular y, además, familiarizarse con el *software*. Es decir, no solamente tuvo que instruirse en las nuevas herramientas de trabajo, sino que tuvo que adaptarse a otras reglas, pues con las que jugaba en la empresa ya eran obsoletas. En principio, la palabra *jefe* comenzó a desaparecer, las empresas se tornaron más informales en el trato y se buscaron nuevas maneras de comunicar mensajes. Además, la competencia era brutal, y se crearon grandes oportunidades financieras para muy pocas personas. El objetivo era crecer, "sin importar cómo", por lo que abogados, financieros y mercadólogos pelearon por ocupar un lugar en la sociedad.

Tiempo después, Rodrigo, a sus 45 años, recién había conquistado el correo electrónico, las juntas virtuales y el Office, pero estaba en la cúspide de su carrera. Apenas había sido nombrado director corporativo de un área, cuando todo cambió otra vez: las redes sociales, el WhatsApp y otros mecanismos tecnológicos comenzaron a dejar el correo electrónico atrás. "Ahora, ¿cómo le hago?", se preguntaba Rodrigo. En esos momentos ya no era solamente necesario aprender calidad, computación, mercadotecnia o finanzas, sino dominar todos los factores de la industria a la que pertenecía; ahora debía "ser social", o sea, ser figura pública todo el tiempo, manejar su emocionalidad y saber comunicarse mejor a toda hora.

Actualmente, como director general, a sus 50 años vive en un mundo completamente diferente, pues el estatus se obtiene de forma distinta. Los motivadores de su generación cambiaron tres veces en los últimos 30 años. Ahora las personas buscan otro tipo de inspiración. El liderazgo se transformó, la comunicación cambió y las habilidades y competencias necesarias para sobresalir en la organización también evolucionaron. Ya delegó gran parte de la tecnología a su equipo de trabajo, y se concentró únicamente en tres o cuatro aspectos, pero está preocupado, pues la empresa necesita una transformación. Sabe que las ventas están bajando y nuevos jugadores y emprendedores han aparecido en el terreno, acechando, buscando cazar a sus presas. Ahora, temas como responsabilidad social y emprendurismo están de moda. Los *freelance* dominan ciertos mercados y hay empresas que colapsan. A la par, las nuevas generaciones ("Y" y *millennials*) se acercan imparables.

Rodrigo tiene la responsabilidad de llevar a la empresa al siguiente nivel, pero primero debe salvarla de la bancarrota, la cual está más cerca que nunca, pero pocos de sus integrantes lo saben.

Imaginemos el estrés de Rodrigo: además de todo lo que ha sido necesario aprender, los cambios se sucedieron de forma más rápida, las reglas sociales se modificaron y el dinero cambió de manos de forma diferente. Los hombres más ricos del mundo ya no eran los magnates mineros o petroleros, tampoco los navieros y gigantes de la distribución, ni siquiera los creadores de las PC o del *software*, sino aquellos que logran "enganchar" socialmente a toda la población, es decir, los creadores de las redes sociales y aplicaciones *on demand*.

Sin embargo, a Rodrigo siguen viéndolo en su empresa como el líder: él es quien salvará al negocio, ¿verdad?, ¿o alguien lo duda? Por primera vez en su carrera, Rodrigo pone en entredicho su capacidad, sus fortalezas y sus conocimientos.

El origen del estrés empresarial

Durante la segunda mitad del siglo XIX se gestó la Revolución Industrial, la cual, en poco menos de 30 años, cambió por completo el modelo económico en los países de Europa, que posteriormente fue adoptado por Estados Unidos de América y otros lugares del mundo como Japón y China. Dicha revolución fue un hito, puesto que modificó el esquema económico sostenido por alrededor de 500 años.

Previamente, la población de entonces era rural, dedicada primordialmente a la agricultura, pesca o ganadería. Los habitantes de las ciudades eran artesanos, comerciantes o funcionarios del gobierno; sin embargo, en esa época nació una nueva clase social: los obreros.

A diferencia de los artesanos, los obreros trabajaban jornadas establecidas, realizando actividades específicas y siguiendo reglas muy claras. Cobraban por su día de trabajo y se volvían expertos con el tiempo. Cabe mencionar que las fábricas prestaban poca atención y cuidado a los obreros; por ello las condiciones de trabajo eran malas, la paga era peor y constantemente se discriminaban (pero se utilizaban) a mujeres y niños en el trabajo.

Comenzó entonces la primera guerra empresarial. Se formaron grandes corporaciones, se crearon alianzas internacionales y, en menos de 20 años, la producción de los insumos necesarios para hacer crecer cualquier economía nacional estaba en manos de los grandes productores de carbón y acero. Las fábricas de ferrocarril y astilleros navales crecieron también de forma exponencial.

Los dueños, al saber que para vencer al "enemigo" debían ser más eficientes, presionaban a los capataces para generar más producción en menos tiempo. Invariablemente, la presión era dirigida hacia el obrero, a quien se le incrementaban las horas de trabajo, se le comprimían los días de descanso o se le reducía el ingreso a grados insultantes, pues dicho gremio estaba conformado por una mezcla de niños, mujeres y hombres desesperados, que aceptaban un menor sueldo a cambio de no perder un empleo que, al menos, les permitiera subsistir. Debido a estas circunstancias, rápidamente aparecieron ideas políticas y económicas que cambiaron la estructura comercial de países completos. Formalmente nacieron corrientes ideológicas tales como el capitalismo, el socialismo y el comunismo, de manera que cada nación adoptó lo que creyó mejor para sí y sus intereses.

Las empresas, en general, estaban constituidas por la clase alta y heredera, una pequeña porción de administradores y contadores y, sobre todo, cientos de obreros. La pirámide era extremadamente desproporcionada con respecto al aspecto económico, el conocimiento, la responsabilidad y el poder. Por regla general, los dueños eran acaudalados y los obreros vivían y laboraban en paupérrimas condiciones.

Años después de la Primera Guerra Mundial, las circunstancias cambiaron enormemente; sin embargo, producto de las grandes especulaciones y las turbulencias internacionales, sobrevino la Gran Depresión en los Estados Unidos, la cual afectó la economía mundial. Alemania amenazaba a Francia otra vez; Inglaterra observaba el fascismo desde lejos, lidiando con sus propios asuntos internos del Parlamento; Rusia comenzaba a salir de la crisis revolucionaria y de la Primera Guerra Mundial mediante el comunismo, pero sabía que Alemania pretendía adueñarse de sus recursos naturales situados en los Balcanes. A la par, los empresarios (comerciales y manufactureros) se dieron cuenta de que podían incrementar sus ingresos de forma importante por medio de la invención de nuevos productos bélicos. Se crearon las fábricas de aviones y automóviles, y el mundo occidental se preparó para el segundo conflicto armado del siglo XX.

Cabe aclarar que la Segunda Guerra Mundial comenzó al mismo tiempo que la segunda guerra empresarial, y uno de los rasgos de esta última es que, tanto en Europa como en Estados Unidos, comenzó una crisis de mano de obra en las fábricas y empresas de servicios. Debido a que la mayoría de los hombres se enlistaban y eran enviados a la guerra, las mujeres se quedaban en casa. Ellas comenzaron a demostrar que no solo eran buenas sustitutas del género masculino, sino que, en ciertos campos, los superaban en conocimientos y habilidades, por lo que ganaron terreno laboral y político, lo cual revolucionó el pensamiento social.

En aquellos años, debido a las fluctuaciones de la economía y a la incertidumbre, las corporaciones se disputaban los mejores inventos, patentes y máquinas más modernas y productivas. El enfoque de la organización estaba encaminado a la innovación productiva y la buena administración de los recursos.

Hacia 1945, una vez que el conflicto armado mundial llegó a su fin, momento en que los países aliados comenzaron la repartición de los bienes de las Potencias del Eje (Alemania, Italia y Japón), el panorama mundial comenzó a cambiar nuevamente e inició una vigorizante etapa de reconstrucción y crecimiento.

Estados Unidos había sufrido relativamente poco las consecuencias de la guerra, comparado con sus aliados y enemigos europeos y orientales, pues el conflicto armado no llegó a su territorio a gran escala, y fueron beneficiados directamente por los préstamos y condiciones económicas de los derrotados.

Comenzó la bonanza de la generación conocida como *baby boomers* debido a que la economía mejoró, y tanto las fábricas como los procesos de agricultura se modernizaron. A su vez, las ciudades crecieron y la forma de comercializar los productos se modificó. Por ejemplo, el sector inmobiliario se transformó completamente, lo que dio origen tanto a los suburbios como a las ciudades satelitales. A la par, se abrieron las fronteras y todos quisieron ser parte de este crecimiento.

Las grandes universidades, las de mayor prestigio, comenzaron a enviar a sus egresados al gobierno y a las empresas, lo cual fomentó que surgieran más universidades y centros de aprendizaje. Por su parte, los obreros ganaron terreno mediante la creación de sindicatos, lo cual comenzó a preocupar a los estadounidenses, debido a la amenaza del comunismo y de todo lo relacionado con la Guerra Fría con la extinta URSS.

Cabe mencionar que, en todo este contexto, la guerra empresarial se centró particularmente en el campo de la comercialización y las ventas, por lo que comenzaron a gestarse y promoverse las grandes exposiciones universales; de ello surgió una nueva profesión: el vendedor. Las ventas se centraron particularmente en esta figura, que, además, comenzó a profesionalizar su rol al integrar sistemas, mecanismos, estrategias, indicadores numéricos, procesos e investigaciones del comportamiento humano. Por su parte, comenzó a elevarse la cantidad de funcionarios en las empresas conocidos como oficinistas.

Hacia la década de los ochenta, se gestó una nueva guerra empresarial por la calidad. Los japoneses, quienes 40 años antes habían sucumbido ante el poderío de los aliados y quedado prácticamente en la ruina, ahora sorprendían al mundo con la rapidez de su recuperación económica. Cabe aclarar que tanto ellos como los soviéticos, en la década de los sesenta, comenzaron a copiar productos occidentales y fabricarlos en sus respectivas naciones; mercancías que, dicho sin ánimo de denigrar, eran consideradas por sus contrapartes europeas o estadounidenses baratijas, malas imitaciones, copias de mala calidad o juguetes. Sin embargo, la calidad pronto fue superada por los japoneses. Gracias a su cultura y a las teorías de E. W. Deming y Joseph Juran, los nipones se dieron a la tarea de buscar su reposicionamiento económico. Por principio de cuentas, acuñaron el término *kai-zen* (mejora continua) a sus metodologías, las cuales incluyeron estrategias tales como la calidad total, el "justo a tiempo" y las 5S. Todos sus esfuerzos se centraron en mejorar la calidad, la durabilidad y el funcionamiento de sus productos.

Sin embargo, fue en la década de los noventa cuando comenzó la verdadera guerra empresarial por la mercadotecnia. En esta contienda, las grandes corporaciones como Procter & Gamble, Unilever, Coca-Cola, AT&T y Apple comenzaron a utilizar campañas masivas en los medios de comunicación, tanto de radio como de televisión nacionales e incluso mundiales. Bajo sus directrices, la forma y el diseño del empaque comenzaron a ser tan importantes como el producto mismo. En esos momentos, se comenzó a utilizar la psicología, la sociología, las matemáticas y otras disciplinas para identificar los patrones y las razones reales de compra por parte de los consumidores.

Un claro y contundente ejemplo fueron las rivalidades y contiendas entre compañías que ofrecían productos afines, ya fueran tecnológicos, de servicios e incluso de alimentos. Por ejemplo, en la industria refresquera se lanzó la campaña conocida como "El Reto Pepsi", en la cual Pepsi-Cola retaba a los consumidores de refrescos de cola a que, con los ojos cerrados, degustaran ambos productos para demostrar que eran mejores que Coca-Cola. Los resultados arrojaron datos impresionantes con respecto a la fidelidad del consumidor y las causas reales de compra. Como consecuencia, se acuñaron los términos *focus group, market share* y *branding*, que eran habitualmente abordados por directivos y ejecutivos en industrias y oficinas en búsqueda de ganar mayor cuota de mercado.

Sin embargo, uno de los grandes detonadores que hizo que la economía se modificara a grados sorprendentes fue el surgimiento de la *world wide web*, pues provocó que internet se masificara y que la Era de la Información comenzara, adueñándose del mundo. Internet y la masificación de los artículos electrónicos nuevamente transformó la manera de ver el mundo, gestando otra contienda: la guerra de la información.

Cabe aclarar que, a pesar de todas estas transformaciones, la guerra empresarial por la calidad no había terminado, pues la guerra por la mercadotecnia estaba en pleno desarrollo, por lo que prácticamente las empresas comenzaron a pelear en diferentes frentes de batalla, lo cual desangró sus finanzas, esperando que su gente realizara maravillas con los presupuestos asignados.

Por otra parte, durante la primera década del siglo XXI el enfoque se dio en la cantidad y la calidad de información que se podía generar y administrar. El ampliamente conocido (y temido) lema: "Información es poder" comenzó a visualizarse de forma diferente.

Si en un principio lo difícil era tener acceso a la información, posteriormente lo complicado fue administrarla; sin embargo, con la aparición de Google y Yahoo, todo esto volvió a cambiar. Ya no era difícil conseguir la información, ni tampoco ordenarla o leerla, por lo que la guerra por esta comenzó a concluir. Por su parte, Facebook y todo el abanico de redes sociales nos abrió un panorama completamente nuevo: ahora las corporaciones comenzaron a pelear por la opinión directa de sus consumidores, lo cual hizo que la mercadotecnia volviera a modificarse. En otras palabras: ya no era tan importante el mensaje que la empresa quería transmitir, ni siquiera cómo hacerlo, sino lo que todo mundo decía de tu producto o servicio.

Además, la generación de consumo y la oferta *on demand* han cambiado las reglas del juego de nuevo. Las empresas ahora pugnan por conocer más a su público y crear mecanismos digitales. Gran parte de las especialidades se han vuelto *commodities*, por lo que han surgido nuevas profesiones en el ámbito empresarial.

Debido a todo lo expuesto, en los últimos 20 años hemos tenido:

- Guerra de la calidad
- Guerra de la mercadotecnia
- Guerra de la información
- Guerra del modelo *on demand* y social

¡Y todo esto en menos de una generación!

Sin embargo, al margen del tipo de revolución que se presente, hay un eje organizador que une y conecta los diferentes factores, brindándoles tanto congruencia como efectividad, y este es el **talento:** la capacidad que una persona o un grupo de personas tienen para ofrecer lo mejor de sí ante las circunstancias específicas que se les presentan. Ya se trate de aprendizaje, gestión, negociación, comunicación, capacitación diseño o ventas, la diferencia entre las empresas y corporaciones que siguen avanzando y las que desaparecen será la presencia de personas que puedan aportar su talento para hacer frente a los cambios y necesidades que se precisen en un momento determinado.

*Cada talento debe desplegarse
en la lucha.*

Friedrich Nietzsche

El talento y la persona

Ricardo es un destacado ejecutivo financiero en un banco muy importante del país. A lo largo de toda su vida ha luchado para desarrollarse brillantemente en la carrera profesional que eligió, a la cual ha entregado todo su tiempo, energía y determinación, y esto le ha brindado resultados sobresalientes muy satisfactorios. Hoy día, a sus 40 años goza de una vida personal y social que a otras personas causaría envidia: cuenta con una prominente cuenta bancaria; disfruta de vacaciones en lugares exclusivos, así como cenas en sitios *gourmet*; múltiples "juguetes", como un espectacular auto deportivo color rojo, y ropa y relojes de prestigio. Además, como cereza del pastel, tiene una familia que lo quiere y lo necesita.

Él es una estrella en su trabajo y, como forma parte del comité directivo de su corporación, se perfila claramente para ocupar el puesto de director general; sin embargo, sentado en su escritorio, jugueteando con su bolígrafo en la mano y con la mirada perdida en el vacío, Ricardo se encuentra en un profundo estado de preocupación que raya en la depresión. La cuestión es: si él podría ser un personaje que sirviera de ejemplo para un libro de liderazgo o desarrollo personal, entonces, ¿por qué no es feliz?

En la actualidad, Ricardo tiene sobrepeso, y también es fumador y bebedor social debido a sus múltiples compromisos profesionales. Debido a la gran cantidad de responsabilidades que ha asumido, rara vez se ejercita y su alimentación no suele incluir alimentos frescos. Su salud no es adecuada y miente en muchas ocasiones cuando se le pregunta acerca de su estado físico, pues, a la vista de todos, se comporta como un tren de alta velocidad, enérgico y decidido. Sin embargo, en su interior está angustiado y temeroso, pues sabe que en cualquier momento se va a desmoronar, pues no soportará la presión y el estrés que podría acarrearle un nivel superior de exigencia profesional. Ha escuchado casos de colegas que han muerto por infartos fulminantes a la misma edad de él, y eso lo hace cuestionarse profundamente su propia vida. Tiene miedo, pues siente que no es lo suficientemente capaz y disciplinado para asumir el puesto que anhela. Sus preocupaciones se incrementan al imaginar que se quedará estancado en su misma posición otros 20 años más, con las mismas responsabilidades, pero preguntándose siempre por qué no se atrevió a dar el siguiente paso y volar como las águilas. Por otra parte, una sudoración fría le recorre la espalda con solo pensar que uno de estos días lo despedirán y contratarán a alguien más joven y con mayor talento.

Prácticamente en el mismo instante, en el otro extremo de la ciudad, Álvaro, un aguerrido vendedor de bienes raíces, sigue luchando para encontrar al *deal* perfecto, aquel que lo sacará del montón y lo posicionará como uno de los asesores del ramo más importantes de la ciudad. Álvaro es muy tenaz y esto le ha permitido ganar buenas cantidades de dinero, aunque sin excesos. Por ejemplo, sus hijos asisten a una escuela particular, pero no de lujo. Vive en un departamento de buen tamaño, pero no con cinco recamaras, cuatro baños y sala de juego. Tampoco posee un Mercedes Benz o un Ferrari. Sin embargo, se da tiempo de tocar el violín. ¡Sí, el violín! De niño tuvo la oportunidad de aprender a tocar dicho instrumento, aunque lo abandonó cuando ingresó a sus estudios universitarios. Sin embargo, hace algún tiempo, un amigo lo convenció de que se uniera a una orquesta que él dirigía. Desde entonces, practica con entusiasmo por las tardes y los fines de semana para mejorar su técnica y, aunque debe hacerse cargo de sus responsabilidades, procura organizarse para pasar buena parte de su tiempo con su familia y acudir a las presentaciones.

Álvaro no está deprimido, sino sano y contento. Se entrega a su familia de forma íntegra y total en los momentos que comparten y no permite que factores externos lo distraigan en esos periodos. Ha logrado equilibrar e integrar los aspectos fundamentales del desarrollo humano. ¿Tendrá algo que ver en dicho equilibrio su talento como músico, aun cuando solo sea por unas horas a la semana?

Por otra parte, Armando es un joven químico de 28 años, entusiasta y determinado. Está feliz porque unos inversionistas acaban de aceptar su proyecto, en el cual trabajó largas horas. Armando estudió Química en la universidad, pues desde niño le apasionaba conocer el intercambio molecular, las valencias, el PH y todo lo relacionado con la estructura de la materia. Además, es un idealista: quiere crear un mundo mejor, ¡y lo logrará! Sus padres, desde niño, lo apoyaron, y aunque en la escuela se mofaban de sus actitudes, tachándolo de *nerd*, su padre, un deportista apasionado, procuraba comprarle libros y juegos de química, los cuales fomentaron su entusiasmo por la ciencia y la investigación.

Armando acaba de inventar un material biodegradable que puede sustituir al unicel. Quizás es un poco más caro que dicho producto, pero si se produjera en masa, abatiría los costos. De esta manera, abandonando un poco su perfil de científico, procuró hacer diversas presentaciones a inversionistas en su papel de emprendedor, puesto que su proyecto necesitaba apoyo de mentores empresariales y financieros. Luego de múltiples citas y presentaciones, consiguió convencer a un grupo de inversionistas para que lo respaldaran, y esto lo ha convertido en una persona muy satisfecha consigo misma: se dedica a la química y la ecología, las que ama con pasión. ¡No puede haber mejor combinación!, y esto lo demostró al obtener el primer lugar en un concurso global de estudiantes emprendedores, premio que lo posicionó como un brillante y destacado emprendedor y, gracias a ello, consiguió el apoyo necesario para seguir creciendo y compartiendo su talento con el mundo, pues su invento reducirá de forma sustancial la basura contaminante y ayudará a tener un mundo con mejor calidad de vida.

Fernanda, mujer ejecutiva de Recursos Humanos, de 35 años, muy preparada y profesional, sigue subiendo en el escalafón corporativo. Hace 10 años comenzó como asistente de capacitación y ahora es responsable de toda la formación de la empresa en donde trabaja. Su función es lograr que todos los colaboradores aprendan lo que requieren para desempeñar sus funciones de forma adecuada, además de ayudarles a crecer como personas y lograr un balance entre su vida familiar y el trabajo.

Ella ha detectado que, sin importar las incontables horas que le dedique al trabajo, ¡este nunca acaba! A la par, sus ideas de desarrollo y crecimiento del equipo no necesariamente son bien recibidas por el director general. Además, el director financiero siempre está amenazando con recortar el presupuesto. Se siente atrapada debido a que el presupuesto de capacitación para su área, a diferencia del área comercial, es muy reducido. Ella sabe que debe aprender y capacitarse más, pero ¿cómo hacerlo?, ¿cómo lograr un propio balance en su vida, el mismo que ella promueve dentro de la organización?

Fue gracias a su iniciativa personal que se inscribió en un programa de Pensamiento Estratégico y, al aplicar lo aprendido, logró encontrar el *insight*: no sabía vender internamente su potencial. Posteriormente, con ayuda de sus compañeros de estudio, presentó un proyecto de crecimiento y desarrollo de su área, y logró negociar un incremento de 200% del presupuesto asignado.

Como podemos apreciar, Ricardo, Álvaro, Armando y Fernanda son personas talentosas y con gran potencial, entonces, ¿cuál es la diferencia en la actitud de cada uno?

Ricardo, por ejemplo, teme que las circunstancias se conviertan en adversas debido a los factores que le preocupan, tales como su probable despido, la presión de nuevos jóvenes hábiles y sus problemas de salud. Por su parte, Álvaro y Armando no están preocupados, sino abiertos a nuevas oportunidades, las cuales les brindan grandes satisfacciones. Fernanda toma las riendas de su destino y logra crecer personalmente. Sin embargo, no necesariamente encuentra reconocimiento en la organización a la que pertenece. Entonces, la pregunta es: ¿qué hacer?

Aquí pueden surgir varios aspectos a considerar: ¿depende de cada uno de nosotros considerarnos personas talentosas?, ¿es responsabilidad de la empresa o la organización reconocer el talento de sus miembros?, ¿qué tanto la sociedad presiona para que el éxito económico y social se convierta en el criterio determinante?, ¿puede equilibrarse el talento con una vida armoniosa?, ¿el talento puede ser una carga excesiva si se le considera un fin en sí mismo?, ¿una persona talentosa nace o se hace?

A la par, a nivel corporativo, podríamos preguntar: ¿dónde está el talento de las personas?, ¿cómo lo detectamos y lo aprovechamos?

Cabe mencionar que las corporaciones han dedicado cuantiosos recursos, tiempo y esfuerzo para detectar el talento de sus integrantes, pues han descubierto que una persona inspirada por alguna misión y visión superior y, además, fortalecida por el desarrollo de su talento, es capaz de crear, desarrollar y promover iniciativas importantes. Las empresas, corporaciones y organizaciones quieren elementos así en sus filas, ya sea que los contraten o que los formen, pues es una de las mejores inversiones que pueden realizar.

En el mismo sentido, en el campo del desarrollo humano, el perfeccionamiento del talento se ha transformado en una pieza clave para disfrutar una vida plena y conseguir grandes satisfacciones en nuestra existencia.

El talento y sus implicaciones

He escuchado, en diversas ocasiones, que el término *talento* se emplea con múltiples acepciones en expresiones como: "¡Ese niño no tiene ningún talento!", "El talento artístico de ese cantante es muy pobre" o "Este equipo de futbol apenas calificará al Mundial, pues es muy poco talentoso". Bajo esta óptica, podríamos preguntarnos: ¿a qué se hace referencia, en concreto, al expresar que un individuo, un grupo o un equipo carecen de dicho talento? ¿En qué se basan los criterios para juzgar si una persona o grupo de ellas están faltos de dicha cualidad? Seguramente cada uno de nosotros tendrá su propia definición, aunque, desde mi perspectiva, además de una forma de insultar a alguien (aunque a veces se utiliza como broma o mofa divertida entre amigos), significa que esa persona o grupo no tienen la capacidad para realizar algo fuera de lo ordinario, ya sea en los planos físico, mental o, incluso, emocional. Por ejemplo, los padres creemos que nuestros hijos serán talentosos en su vida y, en general, luchamos para que así sea: les damos la mejor educación en las escuelas que nos podemos permitir y les enseñamos límites en casa, así como valores y lecciones de vida. Además, los integramos a interminables sesiones de karate, música, danza, pintura o deportes, todo con la intención de que triunfen. Y habitualmente comenzamos a enseñarles aquello que creemos es necesario para que tengan talento.

Personalmente, estoy convencido de que cada uno de nosotros siempre dispone de una o varias habilidades o destrezas, lo que sucede es que, en ocasiones, no sabemos cuáles son. Nos pasamos gran parte de la vida luchando contra lo que la sociedad considera que es el fracaso y, generalmente, según la directriz de logros económicos o materiales. Sin embargo, cada persona tiene dentro de sí algo que la hace diferente a las demás; algo que, de encontrarlo y aplicarlo con toda su pasión y entrega, la haría sobresalir y destacar para lograr resultados que quizás ni ella misma se imagina posible.

Nosotros, como padres, debemos ayudar a que nuestros hijos encuentren su talento lo más rápido posible; que busquen lo que los hace felices y que, con valores, lo apliquen para hacer el bien común. No importa que sea con el deporte, la ciencia, el emprendurismo, el arte o el trabajo administrativo. Todos tenemos la obligación de conocer y ayudar a conocer a los demás su talento.

En su libro *The Outliers*, Malcom Gladwell habla de la teoría de las 10 000 horas. El autor refiere que si uno se concentra en practicar 10 000 horas de alguna actividad, se volverá experto, sobresaliente y único. Por eso, entre más pronto sepamos lo que queremos hacer, tendremos mayores posibilidades de ser talentosos en alguna disciplina. Un buen médico, abogado, pintor, músico, bailarín, nadador o vendedor necesita esa cantidad de tiempo para convertirse en el único y mejor. El pleno dominio de una disciplina te llevará 8 años de práctica continua, trabajando en ello 5 horas diarias, 5 días a la semana. En este sentido, es muy importante considerar que la persona haya descubierto su talento y lo refuerce, pues si utilizáramos ese tiempo en practicar algo que no nos gusta o no tenemos afinidad, sería muy difícil sobresalir.

Las personas buscamos, en general, aceptación social, reconocimiento y tiempo para hacer lo que más nos gusta. Reconocer tu talento desde temprana edad te permitirá conseguir tres efectos:

1. Grandes satisfacciones personales y sociales.
2. La capacidad de hacer un mundo mejor, al convertirte en ejemplo a seguir.
3. Remuneración y satisfacciones materiales al dar tu talento a los demás.

El talento se nos dio para entregarlo, y no puedes dar lo que no tienes. Por eso hay que identificarlo, desarrollarlo y utilizarlo para el bien común y social.

¿Cómo esperar, entonces, que alguien sea feliz si no logra desarrollar sus talentos ocultos, latentes o evidentes? Si uno se pasa la vida realizando tareas para las que no tiene talento, no le gustan y no le generan ningún beneficio para desarrollar plenamente su humanidad, entonces valdría la pena hacer un análisis personal y una profunda reflexión. Somos humanos y necesitamos avanzar, crecer y triunfar, no con relación a los demás o sobre ellos, sino respecto de uno mismo. No hay mayor satisfacción que vencer tus propios miedos, fallas y errores para convertirte en una mejor persona. **¡Desarrollando tu talento te convertirás en una persona íntegra, feliz y comprometida!**

El origen de la palabra *talento*

Según diversas fuentes, la palabra *talento* proviene del griego *talanton*, el cual se refiere al "plato de la balanza" y, por lo tanto, involucra su peso. Ahí se colocaban, por extensión, las cantidades de metales preciosos que requerían ser pesados. Como dato adicional, los griegos y romanos calculaban el valor de las mercancías en función de su peso. De ahí que en algunos países latinoamericanos como México, Cuba o Argentina se utilice la palabra *peso* como denominación de moneda de cambio.

El término evolucionó y posteriormente se llamó talento (del hebreo *kikkâr*, "disco") a un tipo de moneda que se utilizaba en varias ciudades del mundo helénico, conformada por un disco de metal con un agujero al centro, parecido a una arandela. No era una moneda en sí misma, sino un peso, igual a 60 minas o 34.20 kilos, aproximadamente. Posteriormente, *talentum* fue el nombre de moneda que adquirió significado de "tesoro" en Roma.

Fue hasta el año de 1090 cuando, en el Fuero de Avilés, apareció la palabra haciendo alusión al sentido de "inteligencia" o "dotes intelectuales". Este documento fue, para fines prácticos, el primer material jurídico escrito en lengua asturiana con el fin de ratificar el fuero que concedió a la ciudad de Avilés todos los derechos y responsabilidades dentro del reino.

La hipótesis de la transformación del significado del término hacia *habilidad humana* proviene del español Joan Corominas (1905-1997), quien, en la segunda mitad del siglo XX, publicó el *Diccionario crítico etimológico castellano e hispánico*. En este menciona que, seguramente, la palabra *talento* empleada para hacer alusión a la capacidad o inteligencia de las personas se debe a la parábola evangélica de la Biblia, que se refiere a los servidores del Señor (Mateo 25:14-30), quienes recibieron el peso de un talento para inversión, y cada uno decidió hacer algo diferente con él, con la intención de conocer su criterio, perspicacia o personalidad, y ser evaluado por ello.

Por lo tanto, esta palabra en la actualidad está vinculada con la aptitud, inteligencia o actitud de una persona o grupo de personas, y se refiere a la capacidad de ejercer cierta ocupación o desempeñar una actividad. El talento suele estar asociado con la habilidad innata y la creación, aunque también, en teoría, puede desarrollarse con la práctica y el entrenamiento.

Este término, aplicado a cuestiones profesionales o de recursos humanos, se asocia a una unidad, una persona o un grupo de individuos; es decir, llamamos *talento* al equipo de trabajo, los colaboradores o al ingreso de personas de alto potencial, por ejemplo, cuando hacemos alusión al "talento ejecutivo", "talento de ventas" o "joven talento".

Incluso existen empresas con el nombre comercial de Talentum, Talento Multidisciplinario, Talento Soluciones, Talento de Recursos Humanos e infinidad de variaciones que transmiten, con su nombre, la intención de entrenar, formar o reclutar a las personas con alto potencial en las empresas.

Cabe mencionar que la formación de personas talentosas y capaces se remonta hasta la mismísima Edad de Piedra, cuando se fomentó una importancia esencial en la transmisión del conocimiento: saber fabricar las armas o herramientas de piedra y bronce era un asunto de supervivencia, así como utilizar acertadamente los diferentes tipos de plantas y vegetales tanto para alimento como para medicinas, y, por supuesto, transmitir estos usos y costumbres a los hijos o miembros de la familia para su uso posterior.

En un principio, todo este conocimiento de las civilizaciones antiguas era transmitido de boca en boca y de los padres a los hijos, por lo que durante cientos de años se compartió el conocimiento de la Tierra, la naturaleza y los dioses.

Más adelante, conforme los hombres prehistóricos se agrupaban y abandonaban la vida nómada, eran entrenados y capacitados de acuerdo con su talento. Posteriormente, pueblos enteros se formaron como guerreros, y también existían personas dedicadas a actividades como agricultura, comercio, administración o política.

Con el inicio de la escritura comenzaron a plasmarse las leyes que regían las ciudades o reinos y la transmisión del conocimiento comenzó a hacerse de forma escrita. Los griegos, por ejemplo, escribían lo que un ciudadano debía saber de retórica, política y filosofía para triunfar en la sociedad.

Durante la Edad Media, en Europa, y con el retroceso que significó este periodo, se entrenaron de nuevo a las personas en los diferentes oficios por medio de un aprendizaje lento, pero eficaz. Así surgieron los aprendices. Ellos, desde niños, eran tutelados por maestros, quienes no percibían sueldo alguno, con la intención de enseñarles la forma en la que se trataban las pieles, se confeccionaba la tela, se fabricaban las armas y el acero o se horneaba el pan. Su aprendizaje se pagaba con trabajo y durante años ascendían en el escalafón social de la cofradía en cuestión: pasaban de ser aprendices y trabajadores, a maestros y depositarios de la tradición, para así seguir el ciclo.

En aquella época existía acreditación y certificación en los oficios, puestos administrativos y legales, por lo que las personas, de acuerdo con su talento y su aprendizaje, sobresalían tanto económica como socialmente. Por ello, era extremadamente aspiracional tener un mentor para aprender de él. De esta manera se dio el incipiente nacimiento de la capacitación y el desarrollo del talento.

La necesidad de aprender y continuar con el desarrollo era importante, y lo es todavía; sin embargo, hoy día hemos desarrollado capacidades y metodologías para hacerlo más eficaz y eficiente.

En 1745, en Bethlehem, Pensilvania, los hermanos Moravian establecieron normas y tipos de entrenamiento para la jardinería y carpintería y, en 1787, en el Colegio de Cokesbury, en Abignton, Maryland, los metodistas instituyeron entrenamientos similares y estudiados.

Con la Revolución Industrial realmente se comenzó a desarrollar la industria de la formación y el talento. La necesidad de disponer de trabajadores capacitados y entrenados en los diferentes procesos de manufactura llevó a las empresas a crear un sistema de formación, si bien todavía con muchas carencias, pero que asegurara el correcto funcionamiento de las máquinas y la calidad de los productos.

Gradualmente, en todo el mundo comenzó la fabricación de artículos varios, por lo que el desarrollo de patentes creció exponencialmente. Por ejemplo, en Estados Unidos, entre 1790 y 1811, se registraron 77 patentes al año y, 21 años después, la cifra se había incrementado a 1 600 registros aproximadamente, que contrastan con las 4 187 que se registraron en 1860. El desarrollo intelectual estaba a la orden del día y los inventores debían entonces transmitir el conocimiento del uso de sus productos a fabricantes y consumidores.

A partir de 1825 aproximadamente, el entrenamiento industrial comenzó en Estados Unidos y Europa. Había llegado la era de la capacitación del talento, aunque en esas fechas solamente se daba importancia al conocimiento de la persona para el desarrollo de su actividad específica. Todavía no se tomaba en cuenta su desarrollo personal, ni habilidades *soft*, por supuesto.

Cabe mencionar que fue la firma Hoe & Cia., establecida en Nueva York en 1872, la que, debido a su gran éxito en la manufactura de prensas de imprenta, instituyó la primera escuela para entrenar a sus operadores y vendedores. Para 1935, se instituyó el ESMWT (Programa de Entrenamiento en la Defensa de la Ciencia y la Administración), el cual, con el patrocinio de algunas universidades, intentaba resolver el problema de la falta de trabajadores expertos en estas materias. Como podemos observar, ya desde entonces existía el problema de la falta de talento en el mercado laboral.

El pasar de los años nos llevó a entender que el conocimiento de un oficio, el uso de una herramienta de trabajo o la comprensión de la manera en que una máquina funciona, están directamente relacionados con el desarrollo humano de una persona, y se entendió que existen otras habilidades igual de importantes que debían incentivarse para incrementar la eficiencia en el aprendizaje.

De esta forma, la capacitación humana, que en el principio de la historia fue entendida como una modificación del conocimiento del hombre, se ha transformado en nuestros días hasta adquirir una nueva dimensión, al concebirse como un proceso complejo, de carácter integral y sistemático, con el cual se procura un cambio de actitud del individuo, como un propósito para concientizarlo y hacerlo comprender, no solo su participación en el ámbito productivo, sino en las relaciones consigo mismo, con los demás y con su medio circundante, para que pueda adaptarse a ello en la medida de sus posibilidades.

Como hemos podido comprobar, el talento, su concepción, desarrollo y profesionalización es una problemática que ha existido desde el inicio de la historia, con la intención de ser resuelta, pues parece que, en plena actualidad, seguimos sin lograrlo de manera definitiva. Asimismo, el desarrollo del talento, su búsqueda y la capacidad de las empresas para retenerlo se ha complicado: ahora es más difícil y son muchas las áreas que una persona debe conocer para desempeñarse con su máximo potencial; a la par, hay muchas más opciones en el mercado para desarrollarse.

> El talento es, por lo tanto, la razón de la nueva guerra corporativa

*No escondas tus talentos,
se hicieron para su uso,
¿qué es un reloj de sol a la sombra?*

Benjamin Franklin

¿Por qué es tan importante el talento? 2

Desarrollar tu talento puede hacerte feliz

En su libro *Strengths Finder*, Marcus Buckingham profundiza en los 34 principales patrones de talento que todas las personas tenemos; estos fueron investigados y desarrollados por The Gallup Organization, e incluyen características tales como adaptación, creencia, comunicación, consistencia, disciplina, activador o responsable, empatía y enfoque, entre otros. Asimismo, estos patrones pueden ser útilmente abordados de manera que, por medio de un diagnóstico, cada uno de nosotros pueda conocer cuáles son sus fortalezas.

Para Buckingham, el desarrollo de las fortalezas detectadas es lo más importante, pues aclara que no vale la pena enfocarse en las debilidades, sino en las potencialidades. Al leer el libro, invariablemente uno se pone a pensar que siempre hemos escuchado, ya sea en la empresa o en la oficina: "Tenemos áreas de oportunidad a desarrollar", para que trabajemos en ello.

Es lógico, de acuerdo con lo visto en el capítulo anterior, que una persona que trabaje fuertemente con el fin de desarrollar aptitudes para las que no tiene talento, tal vez logre desplegarlas. Pero quizás no logrará sobresalir y es muy probable que sienta una profunda frustración por estar haciendo, día tras día, algo que no le genera pasión ni felicidad.

Enfocarte en tus fortalezas hará más fácil que logres la excelencia en ciertas áreas, pues estarás mucho más motivado y tendrás una misión por cumplir. Es decir, te podrás desarrollar y sobresalir si eres una mejor versión de ti mismo.

Desde mi punto de vista, las teorías de Buckingham si bien aplican en términos generales, pierden de vista la situación particular de cada persona. Existe crítica específicamente en tres elementos fundamentales:

1. No es posible enfocarte solamente en tus fortalezas. Somos individuos integrales y debemos analizar todos los aspectos que nos conforman.
2. Existe la posibilidad de que una gran fortaleza pueda convertirse en debilidad. Para mayor referencia a este tema, te sugiero leer el libro *David & Golliath*, de Malcom Gladwell, en el que se refiere a la curva de creci-

miento, la cual llega a un punto crítico donde más no es necesariamente mejor.
3. Las debilidades sí importan. En otras palabras, hay algunos aspectos de nuestro carácter que debemos vencer y superar. Si no, pueden sabotear nuestro éxito y resultados.

Lo que procuro resaltar de la teoría de Buckingham es que, si encontramos nuestras fortalezas a tiempo y a temprana edad, tendremos la fortuna de ser guiados y apoyados en el desarrollo de dichas fortalezas, lo cual nos facilitará enfocarnos en una misión mayor a nosotros mismos, que sea de orden superior, haciendo el bien común y aportándonos felicidad.

Si bien esto no resulta fácil en un principio, es responsabilidad de cada uno de nosotros buscarlo y desarrollarlo. No importa la edad que tengas, la situación en que te encuentres o los problemas que debas resolver todos los días: dar un giro gradual hacia ese talento que tanto te gusta te ayudará a seguir avanzando hacia lo que buscas y deseas en la vida.

Las organizaciones tienen muchas personas en sus equipos, y millones viven y sueñan para trabajar en ellas y aportar sus conocimientos, experiencia y habilidades, pero una vez dentro, tanto la organización como las personas deben hacer un gran hincapié en el desarrollo del talento, de manera que se tenga un clima laboral de creatividad, satisfacción y realización. A la par, también se ha detectado que, cuando las personas no tienen la oportunidad de crecer y aportar su talento, sufren estrés y ansiedad, y les genera improductividad e infelicidad.

Durante los últimos años algunas empresas han encontrado que la mejor manera de ser productivas y creativas es que cada persona desarrolle su talento: eso que a cada quien le gusta, le apasiona y no le cuesta trabajo realizar. Empresas como Google, Unilever y The Home Depot se han volcado en encontrar la fórmula perfecta de la felicidad en las organizaciones. Invierten millones de dólares en encontrar integralidad y balance entre el trabajo y las demás áreas de la vida de las personas. Implementan políticas de *home office*, diseñan sus oficinas como salas de juego y permiten a los colaboradores seleccionar los proyectos en que quieren participar; esto, en el mediano y largo plazo ha compensado con creces su inversión inicial.

Existe un libro llamado *Happy Management* (*La empresa de hacerte feliz*), de Martín Vivanco. En este, el autor, a través del relato de una relación de pareja, hace una analogía del cambio personal con la transformación en la administración estratégica de las organizaciones, y nos muestra que es posible ser feliz en ellas.

Vivanco comenta que la fidelidad de nuestros clientes está directamente relacionada con la felicidad de nuestros equipos de trabajo. En otras palabras, la actitud de los colaboradores hacia el servicio, las ventas y el soporte administrativo será el ingrediente mágico para atraer y retener a nuestros clientes.

Aquí podrían surgir las preguntas: ¿cómo hacer que los colaboradores que conforman una organización tengan una buena actitud?, ¿cómo contagiar a los equipos de trabajo con dichas actitudes positivas? Martín Vivanco nos lleva por un gran viaje para conocernos como personas de una manera más satisfactoria y aplicarlo en nuestro trabajo. Personalmente sugiero mucho este enfoque. Por ahora te puedo adelantar que estos planteamientos están completamente relacionados con el talento de las personas, su desarrollo y la combinación de los factores adicionales de vida en que trabajen mientras se divierten, se diviertan mientras trabajen o, mejor aún, "no trabajen".

Recuerdo cierta ocasión en nuestra oficina, después de un día de locos, en el cual acabamos muy tarde para poder entregar un proyecto a tiempo; estábamos cansados, hambrientos y sabíamos que, al día siguiente, nuevamente había que empezar muy temprano, cuando uno de mis colaboradores expresó: "Lo bueno es que me encanta lo que hago. Yo no vengo a trabajar, vengo a desarrollarme y así vale la pena desvelarse". Cabe mencionar que me sentí extremadamente halagado y satisfecho. ¡Eso es lo que debemos buscar! A esto me referí cuando mencioné la importancia de contar con colaboradores felices e inspirados, quienes aprenden y se desarrollan, no simplemente trabajan.

En el libro *El poder del mito*, de Joseph Campbell, el cual considero extremadamente profundo y filosófico, el autor refiere una entrevista que le realizó Bill Moyers en la década de los ochenta. Durante toda la obra ambos platican y debaten acerca de la importancia de los mitos en la evolución de la humanidad, de las religiones y los ritos de diversas culturas alrededor del mundo y en todas las épocas. ¡Es impresionante la similitud cultural que existe entre pueblos tan alejados como los indios navajos y los maorís del Pacífico sur!

Uno de los aspectos que llamó poderosamente mi atención es cuando el autor habla del pensamiento colectivo con respecto a nuestra trascendencia espiritual. Menciona la última frase de la novela *Babbitt*, de Sinclair Lewis, Premio Nobel de Literatura: "Nunca he hecho lo que quería en toda mi vida" (1922). En esta novela, Lewis crea una sátira de la cultura, la sociedad y el comportamiento de los Estados Unidos, y critica el vacío de la clase media y su tendencia al conformismo. Incluso la palabra *babbitt* se integró al idioma inglés, y alude a una persona o empresa que, sin pensar, conforma el estándar de la clase media. Quizás el término más aproximado en nuestra cultura latina es el término *godínez*. Como dato curioso, esta novela sirvió como inspiración a J. R. R. Tolkien para escribir *El hobbit* y crear a su personaje Bilbo en 1937.

Todos hemos conocido a alguien que no persiguió aquello que soñaba; que sus padres lo obligaron o influenciaron a estudiar algo que no quería, simplemente porque necesitaba una profesión que generara más dinero o que fuera socialmente aceptada. O sea, una persona que desarrolla su talento dentro de un ambiente que él no buscó, o bien que lo obligaron.

Parte del éxito de las organizaciones eminentes es integrar personas con talento pero, además, enfocadas en lo que les gusta y quieren realizar, dándoles espacio y colocándolas en posiciones que las inviten a utilizarlo todos los días.

¿Quién determina el talento?

En días pasados observé un anuncio publicitario de un portal de reclutamiento e intercambio de vacantes en línea conocido a nivel mundial. Me refiero a uno de esos sitios en los que subes tu currículum, y las empresas, a su vez, ofrecen vacantes. Dicho portal te ayuda a conectarte con organizaciones que buscan personas con tu talento, pero lo que me sorprendió enormemente fue la frase: "Cuando encuentras trabajo, lo puedes todo". En la imagen de dicho anuncio publicitario se podía observar a un hombre mirando a su hija soplando las velas de un pastel, mientras su mujer, con rostro de felicidad extrema, participaba en el festejo.

Ahora bien, ¿por qué me sorprendió tanto dicha imagen junto con el eslogan? Analicemos la frase publicitaria, la cual está dividida en dos partes: la primera condiciona algo; la segunda indica que, en caso de que tengas lo primero, asegurarás lo segundo. Por otro lado, aparece la palabra *encuentras*. Es decir, ¿las personas ya no consiguen un trabajo por mérito propio? O, mejor aún, ¿no pueden crear su trabajo? Esta frase envuelve mucho: implica que es una suerte encontrar trabajo y que solamente mediante ese portal podrás conseguirlo.

¡El mensaje es totalmente condescendiente! Las personas, según dicho punto de vista, serían incapaces de lograr un empleo o trabajo por sí mismas; por lo tanto, el talento de uno mismo queda relegado a un elemento fortuito o de ayuda por parte de esa organización.

El ejemplo citado es un reflejo excelente de la falta de conciencia de las personas y de lo que las empresas quieren que supongas acerca de tu propio talento. Como decíamos antes, no tenemos claridad respecto de nuestros talentos y, como consecuencia, debemos buscar a alguien que nos ayude a "encontrar" trabajo.

Esta mentalidad es similar a la forma en la que expresamos nuestra ausencia de pretensiones al solicitar un empleo: "¿Cuánto voy a ganar?". Sabemos que las palabras son muy poderosas. Expresarse así implica que, como intercambio de algo que no quieres hacer, te van a pagar lo que la empresa considere correcto para ti. En inglés, las personas dicen: "*I make US$10 000 a year*" ("Yo *hago* US$10 000 al año). Aunque parezca intrascendente, la diferencia es diametralmente opuesta. Dicho de otra manera, en español, estamos a expensas de que alguien decida lo que valemos y, por lo tanto, ganemos. En contraste, la frase anterior implica que yo soy el único responsable de crear lo que tengo. Por supuesto que, culturalmente, no todas las personas, tanto en los Estados Unidos como en México, piensan en estos términos. Sin embargo, hay que tomar en cuenta este tipo de diferencias culturales al momento de pensar en el talento de nuestra organización. Robert Kiyosaki, en su libro *Padre rico, padre pobre*, habla de que cada uno de nosotros somos responsables de nuestro propio ingreso y egreso. Afortunadamente, esta mentalidad independiente y diferente ha ido fortaleciéndose a lo largo de los últimos 10 años.

¿Cómo esperamos atraer y retener talento si seguimos pensando en términos de hace 50 años? Debemos cambiar nuestra mentalidad personal y la de nuestras organizaciones, pues solo así podremos crear un nuevo modelo para relacionarnos con el talento de nuestra empresa.

Reitero que es por medio del talento que las organizaciones crecen. Es mediante nuestro talento personal como emprendedores o empresarios que nuestra organización crecerá; por lo tanto, el talento es la pieza clave.

Analicemos lo que Blair Singer expresa tanto en sus conferencias como en su libro *El ABC para crear un equipo exitoso*: en una de sus gráficas iniciales, el autor menciona que existen tres palabras fundamentales en una organización: *enseñar*, *equipo* y *vender*, en ese orden, pues para poder crear una empresa necesitamos enseñar al equipo a vender. El crecimiento de cualquier empresa está, por supuesto, directamente relacionado con el aumento de sus ventas y en muchas industrias todavía tenemos la posición del vendedor como una pieza clave. Salvo en algunos casos particulares en los que se compra en línea (pues sabemos que está creciendo el porcentaje de ventas por internet), no se emplean los vendedores, pero aun así, en muchas ocasiones debe existir una persona al otro lado de la línea para resolver dudas o solucionar problemas.

Para efectos de este libro nos enfocaremos en las ventas realizadas por personas, pues estoy convencido de que crear, formar y retener a un equipo comercial es vital para una empresa; además de que para el dueño o emprendedor llegará el momento en que su tiempo no sea suficiente para realizar más ventas: necesitará ayuda y será ahí donde se presente la complejidad. Debemos atraer talento que entienda lo que vendemos, que sepa cómo vender y, además, que tenga actitud y lealtad hacia la marca. Por si fuera poco, lo queremos tener mucho tiempo.

El talento es la pieza fundamental en la conformación y el crecimiento de nuestra organización. Yo puedo ser un gran vendedor, pero solamente tengo 24 horas al día y debo dedicarlas a muchas otras actividades, tanto personales como profesionales. Por eso necesito tener a alguien que venda por mí; alguien que no solamente represente la marca y el producto, sino a mí en mi forma de actuar, en mi imagen y, por supuesto, en mis valores.

¡Esto no es nada fácil! Incluso para las grandes organizaciones mantener un equipo de 2 000 o 3 000 vendedores es un problema enorme, pues surgen diversas interrogantes: ¿cómo los capacito?, ¿cómo aseguro que representan mi marca?, ¿cómo hago para que conozcan perfectamente mis productos o servicios? Cabe aclarar que, sin talento clave, simplemente será imposible.

Además de lo expuesto, Blair Singer acuña tres conceptos debajo de la pirámide en la misma gráfica: *código de honor*, *accountability* y *sistemas/KPI*. Lo que esto quiere decir es que el equipo está sustentado por estas tres palabras: el código de honor se refiere a la forma en que el equipo actúa con el equipo, es decir, ¿cuáles son los comportamientos clave y esperados por parte de los miembros para una situación determinada? Esto simple y sencillamente se refiere a la cultura organizacional.

Otras personas lo llaman filosofía organizacional, la cual tiene que ver con las famosas y trilladas palabras *misión*, *visión* y *valores*. Aunque en capítulos posteriores ahondaremos en este tema, me gustaría relacionar el talento con esta filosofía, pues las personas deben alinearse con la cultura. Si no se logra esto, las personas actuarán y harán lo que quieran, y es muy probable que no sea lo que se espera de ellas. Asimismo, los valores de una organización deben hacerles sentido, pero como estos no deben modificarse, entonces se vuelve extremadamente vital seleccionar y reclutar a personas que concuerden con la filosofía o cultura de la empresa.

Accountability es una palabra compleja de explicar, pues no existe una traducción literal al español, sin embargo, me gustaría comentar al respecto; para ello citaré el libro *El principio de Oz*, de Robert Connors, Tom Rob Smith y Craig Hickman. Dicha obra nos explica de una forma extraordinaria la manera en que la tendencia de cultura organizacional mundial está cambiando. Ahora las personas somos responsables de los resultados. Para expresarlo de otra forma: el trabajo no es "hacer el trabajo", sino lograr el resultado, y los colaboradores son responsables de conseguirlo.

Considero también que ha llegado el momento de aclarar también que hay un tipo de talento que no queremos atraer a nuestras organizaciones, el cual presenta las siguientes características: culpa a otros de no lograr sus objetivos, no está comprometido con la organización, es indiferente, ignora o niega y, por último, no tiene iniciativa; espera que le digan qué hacer. Estas características van en contra de los objetivos de las organizaciones, pues detienen el proceso de crecimiento y limitan al ejercer influencia negativa en la cultura organizacional, pero, sobre todo, afectan al buen talento, ya que contaminan a las demás personas con el paso del tiempo.

Por último, referente a los sistemas, Blair Singer hace énfasis en ellos y expresa la pregunta: ¿para qué creen que sirven? Las respuestas no varían enormemente, sin embargo, pocos responden correctamente. Los sistemas tienen el fin de que no tengamos que utilizar nuestro tiempo y talento para resolver un problema que ya está resuelto; para no tener que utilizar nuestra energía con la finalidad de pensar cómo hacer algo que ya sabemos la mejor forma de hacerlo. Y ¿para qué queremos ese tiempo y talento?, pues para destinarlo, básicamente, a dos aspectos: innovar y vender.

Entre mejor tengas implementados los sistemas y procesos, más tiempo tendrá tu talento para hacer crecer tu organización. Entonces, ¿qué tan importante es el talento? Desde mi perspectiva, ¡fundamental!, pues sin talento no hay nada: organización, cultura, crecimiento, ni ingresos.

Aparentemente podrías tener el mejor producto, imaginar tener los mejores sistemas y soñar tener un mercado cautivo, pero si no cuentas con talento creativo, comercial, estratégico y ejecutivo, tu empresa no tendrá probabilidad alguna de sobrevivir.

Jim Collins, en su libro *Good to great*, nos habla de la importancia de tener el *who*, incluso antes que el *what*, lo cual significa que tener al talento clave desde el principio, no solo ayuda a las organizaciones a crecer, sino a dirigirse en la dirección correcta y poder cambiar si es necesario.

A este respecto, el autor describe la analogía de un autobús: debes lograr que las mejores personas suban, incluso antes de que tengas clara la dirección que llevarás, pues solamente con la claridad del porqué debería ser suficiente.

La dirección de la empresa es importante, ya que nos da seguridad y sentido. Sin embargo, en este mundo de rápidas transformaciones es fundamental tener la capacidad de adaptarnos rápidamente. Si eso significa cambiar de dirección, y tu equipo solamente está dentro debido a esa dirección, entonces habrá un problema: tu equipo tiene que estar de acuerdo con la misión y el propósito superior, y el camino para lograrlo puede cambiar.

Un gran talento dentro de tu organización identificará la necesidad del cambio, lo pondrá en práctica y no se quedará sentado, pensando interminablemente que la dirección ya no es la misma.

Por otro lado, como líderes de nuestra empresa u organización, gran parte de nuestro trabajo es motivar e inspirar a nuestro equipo, ¿cierto? Probablemente no. Si tenemos el equipo correcto, este será el que se automotive, tendrá la fuerza necesaria para producir los mejores resultados y crear algo grandioso. Como líderes debemos crear líderes. La inspiración es importante, por supuesto, pero tenemos que encontrar personas con el suficiente carácter y propósito para que sean los que avancen sin que tengas que "jalarlos" todo el tiempo.

Por último, imagina que ya tienes una visión y misión completamente desarrolladas. ¡Tienes un gran propósito superior!, pero sin talento tendrás una gran idea y una empresa que ejecuta pobremente. La organización no será grandiosa; quizás podrá ser buena, pero no la mejor.

Insisto que la clave es el talento y en próximos capítulos hablaremos de cómo crear una cultura que promueva el gran talento, profundizando en cómo buscarlo, atraerlo, formarlo y retenerlo.

¡Esa será la clave de nuestro éxito!

Cada talento debe desplegarse en la lucha.

Friedrich Nietzsche

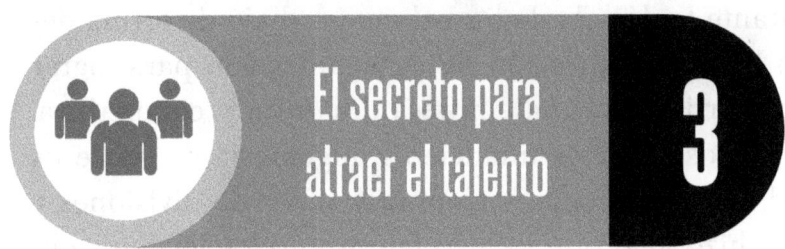

El secreto para atraer el talento
3

La atracción del talento que requerimos

¿Qué significa un buen talento? Si bien hay diversas formas de describirlo, ya sea a través de evaluaciones, entrevistas o mediciones, existen tres aspectos que deben tomarse en cuenta de una manera decisiva a la hora de explicarlo: en primer lugar, hay que tener claro qué es el buen talento; en segundo, identificar que sea bueno para mi organización en específico y, por último, la estrategia para poder atraerlo a la empresa.

Comenzaremos por especificar el talento de buen nivel, y para esto vamos a dividirlo en niveles de jugadores. De acuerdo con las investigaciones de Brad & Geoff Smart en su libro *Top Grading*, tenemos jugadores A, B y C. Por cierto, esta forma de clasificarlos se ha empleado desde hace mucho tiempo. El primero que implementó este famoso sistema fue Jack Welsh, cuando era CEO de General Electric. Jack, uno de los ejecutivos más admirados del mundo, fue pionero en colocar al talento como pieza clave de la organización. Él ingresó a General Electric en 1960, fue escalando posiciones hasta que obtuvo la vicepresidencia de la empresa y posteriormente, a sus 45 años, se convirtió en el CEO más joven de la historia, en 1981.

Durante la década de los ochenta trabajó de forma decisiva en la reestructuración de la organización para lograr que se convirtiera en una empresa dinámica y competitiva. Además de los aspectos financieros, ingeniería de procesos y calidad, mercadotecnia, y compra y venta de divisiones y empresas, hizo algo que lo hizo famoso: todos los años eliminaba de la nómina 10% de los gerentes con peores resultados (empleados tipo C) y, al mismo tiempo, premiaba 20% de los mejores (empleados tipo A) con bonos salariales y *stockoptions*. Eso sí, sin reemplazar a las personas que salían. En cinco años, de 1980 a 1985, redujo la plantilla de 411 000 a 300 000 colaboradores.

Además, Jack trabajaba infatigablemente para que el talento intermedio (empleados tipo B) se formaran, capacitaran y crecieran para convertirse en los mejores.

Según Brad y Geoff, la clave es llenar todas y cada una de las posiciones de tu empresa con jugadores tipo A. Esto no es fácil, por supuesto, y genera algunas interrogantes: ¿cómo puedo identificarlos?, ¿cómo los consigo?, ¿cómo los atraigo?, ¿cómo les pago?, ¿cómo los retengo?

Por principio de cuentas, ambos autores recomiendan enfocarte solamente en los mejores, los de primer nivel. Nadie más tiene permitido participar en el proceso. Es decir, en lugar de tener un proceso de selección abierto, en donde decenas de personas participen, lo realizas mucho más cerrado desde el inicio.

En segundo lugar, todas las posiciones tienen este mismo proceso. ¡No solamente las posiciones clave, sino en su totalidad! A través de toda la organización y de arriba abajo, no importa si se trata de un obrero, gerente de ventas, recepcionista o director de finanzas, siempre mantienes este tipo de disciplina para todas las posiciones.

Los jugadores tipo A se encuentran dentro de un plan de compensación específico. En otras palabras, hay jugadores A, B y C dentro del mismo rango de salario y prestaciones. La clave es que, dentro de ese rango, puedas encontrar a los jugadores tipo A. Puede entonces haber jugadores tipo A que sean potencialmente promovidos o jugadores tipo A que sean adecuados para la posición sin ser necesariamente jugadores en otras posiciones más estratégicas en el futuro.

Ahora, a diferencia de General Electric, para cuestiones de reclutamiento, 10% son los jugadores tipo A, el siguiente 25% son tipo B y el restante 65% son tipo C.

El primer desafío es identificar a los jugadores tipo A dentro del universo de personas para esa posición. Recuerda: en este momento tienes ya ubicado el rango de ingreso y compensación para esa posición en particular. Asimismo, tienes identificadas las responsabilidades de su posición y su relación dentro de la cultura empresarial.

Entiendo que uno de los problemas más complicados en este momento es encontrar un plan de compensación adecuado. Es decir, ¿qué pasa si mi proceso de selección no genera ningún candidato tipo A?, ¿disminuyo mis estándares?, ¿subo el nivel de compensación? Es probable que tu proceso de reclutamiento sea entonces el problema.

Debido a este proceso incompleto, en ocasiones solemos quedarnos con lo "menos peor" y con el paso del tiempo esto cuesta mucho dinero. Por otro lado, muchas empresas actúan de una manera que podríamos definir como "buenos con los centavos y malos con los pesos": en lugar de establecer un plan de compensación agresivo, aunque cueste tiempo y dinero, ahorran en lo que deberían invertir más.

Según investigaciones recientes y entrevistas con más de 200 CEO, solamente 21% sintieron que su inversión en contratar externamente valió la pena. Además, una encuesta con 25 vicepresidentes de recursos humanos expresó que aproximadamente 80% de las contrataciones con servicio externo se convirtieron en decepciones.

En pocas palabras, te darás cuenta de que el trabajo, el tiempo y el dinero necesarios para contratar jugadores tipo A es poco, comparado con el esfuerzo que representa manejar y administrar jugadores B y, peor aún, jugadores tipo C.

Hay una frase de Peter Drucker que me encanta:

> Las decisiones más difíciles en las organizaciones tienen que ver con personas: contratación, despido y promoción. Estas decisiones son las que reciben menos atención, pero, por mucho, son las más difíciles de deshacer.

A continuación trataré de explicar de una forma sencilla el costo de atraer talento no adecuado. Esto lo hago con el ánimo de convencerte de que el reclutamiento es una de las tres piezas clave de tu organización, no solo desde el punto de vista cultural, sino financiero también.

Debemos considerar dos ángulos: la ganancia potencial de haber contratado un A y, por otro lado, la pérdida potencial si la persona falla. La diferencia entre la persona A y la falla serían tanto el riesgo potencial como la brecha que existe. Ahora, para casi todas las posiciones, lo que se paga de salario no es el riesgo total. Lo que está en la línea es el valor que una persona con alto talento puede traer a la empresa y, en contra, el gran costo de un desempeño pobre más el costo de su sustitución.

Según estudios de Brad & Geoff Smart, ¡el costo de fallar en el reclutamiento puede ser, en promedio, hasta de 15 veces el costo del salario anualizado! Esto incluye el salario, el costo de reemplazo, el costo de sus errores y el costo de las oportunidades perdidas debido a su bajo desempeño.

Por otra parte, en el reclutamiento tradicional, de acuerdo con lo que hemos expuesto, se logra un éxito solamente 25% de las veces. Entonces, ¡imagínate la cantidad económica perdida en tu empresa u organización! Veamos un ejemplo: para reemplazar a 10 jugadores B, con el fin de tener 90% de jugadores A, necesitas conseguir, contratar, evaluar y entrenar a 31 personas en un periodo largo. Para 20 requieres 67 y, para 100 necesitarías 357 personas que pasen por tu organización, lo cual es totalmente incosteable.

Para empresas pequeñas, donde necesitamos reemplazar a 2 personas, debemos contratar a 7 u 8, lo que lo convierte, por mucho, en el mayor gasto sin retorno debido al costo de la baja calidad en el reclutamiento de tu talento. No ahorras dinero cuando usas un proceso de reclutamiento barato, y tampoco logras una ganga cuando le das la posición a alguien que acepta menos dinero.

Te daré otro ejemplo financiero: supongamos que tu empresa tiene 10 empleados. De acuerdo con lo que expusimos líneas antes, lo ideal es tener 90% de jugadores A, por lo que necesitarías 9. Ahora imagina que por suerte o esfuerzo tienes 6 jugadores A y 4 B o C, entonces necesitas reemplazar 3 de 4; asumamos que son posiciones de coordinación con un salario base anual de $200 000. Supongamos ahora que tu indicador de utilidad por colaborador anualizada es de $300 000, por lo que tu empresa tiene una utilidad de $3 000 000 al año. ¿Cuánta de esa utilidad la generan los jugadores A? Según los estudios, en promedio, un jugador A tiene 1.5 veces mejor desempeño que uno B y 2 veces más que uno C. Esto significa que los 4 jugadores por sustituir solamente tienen una utilidad de $200 000 al año, como indicador. Esos $100 000 de diferencia los aportan los empleados A. Durante todo el tiempo que esos jugadores B o C se encuentren en tu empresa, estarás dejando de ganar $400 000 aproximadamente. Si a eso le sumas que se necesitan 3 jugadores B para hacer 2 A, entonces también estás perdiendo otros $200 000: ¡ya son $600 000! Esto es 25% de tu utilidad anualizada. Y esto sin contar el costo de reemplazo, los dolores de cabeza, tu tiempo dedicado a resolver sus problemas y, muy importante, a los jugadores A no les gusta convivir con los B, ¡y menos con los C!, por lo que pueden comenzar a retirarse de tu organización y entonces sí estarías en problemas.

Entonces, podrías preguntar: ¿el reclutamiento es buen negocio? Por supuesto, pero hay que invertir en él. El reclutamiento es un proceso continuo, por lo cual es lógico y natural que tengas cambios en tu equipo, incluso algunos sanos o que no dependen de ti. Los factores tales como problemas personales o cambios de residencia harán que ese proceso fluya todo el tiempo. Debemos lograr que suceda eso precisamente: que fluya; en otras palabras, que constantemente estemos en un proceso de cazar talento. Debemos dedicarle una parte importante de nuestro tiempo a buscarlo, ya sea en reuniones sociales, en las fiestas de cumpleaños de tus hijos, en una boda, en las noticias, revistas o redes sociales.

Gradualmente, tu mente se enfocará en detectar talentos, incluso a nivel inconsciente, al grado que ya ni siquiera te darás cuenta de ello. En un artículo periodístico encontrarás a la persona que ganó algún premio o reconocimiento y tomarás nota de ello casi sin darte cuenta. Eso no significa que no utilices los canales tradicionales de prospección de talento como Linkedin u otro tipo de herramientas similares. Es como los autos: en ocasiones nos hablan de una marca y creemos que hay pocos de ese tipo en circulación, pero basta con que pensemos en comprarlo cuando comenzamos a verlos en todos lados. Es el inconsciente el que te ayudará; además, conforme tomamos experiencia, lo hacemos más fácil.

Las acciones normales no te llevarán a conseguir talento A en el tiempo y con los montos de inversión que necesitas, pero piensa en alternativas: ¿realmente es significativo que contrates, para algunas posiciones, personal específicamente egresado de la carrera que estudió?, ¿y si no es tan joven como quisieras?, ¿y qué tal si el valor de la experiencia en este caso sea mejor?, ¿de verdad que no hay talento más allá del surgido en las universidades más costosas?

Realiza, además, *networking* con jugadores tipo A de tu organización. Solicítales que te presenten a personas similares a ellos (tipo A). Normalmente conocen más gente y lo más seguro es que esta tenga cierta línea similar en cuestión de valores, actitud y talento. Es probable que conozcas a tu futuro colaborador de esta forma. También recuerda que, para que puedas subir dentro de tu organización, necesitas un sustituto fuerte, ¡qué mejor que tú lo propongas, lo entrenes y lo tengas listo para cuando sea el momento de hacer tu movimiento!

Por último, estoy seguro de que parte del pensamiento actual que tienes es que el talento A resulta caro, lo cual generaría que las empresas pequeñas o medianas no podrían permitírselo. Pero primero recuerda que no hacerlo resulta mucho más caro. Y además te voy a convencer de lo contrario con lo siguiente: los talentos tipo A son aquellos que representan 10% superior de las personas en el mercado, con base en un rango específico de compensación. En otras palabras, los A son lo mejor de su clase dentro de una liga o categoría de salario e ingresos.

Lo anterior significa que tu proceso de reclutamiento y selección es la clave. Te va a costar mucho trabajo encontrar alguno de ese 10% de los mejores, pero te va a costar más no hacerlo. En conclusión: no importa el nivel de compensación, lo fundamental es buscar ese talento A que está dentro del nivel de compensación que buscas. Puede que sea rápidamente promovible o no, pero lo que interesa es que su desempeño, actitud y competencias estén alineadas perfectamente con lo que buscas, y de esto vamos a hablar un poco más adelante.

Reitero: para atraer talento necesitamos básicamente tres aspectos: el primero es saber lo que necesitamos o queremos encontrar, el segundo es salir a buscarlo y evaluarlo, y el tercero es hacer que esa persona quiera ser miembro de tu equipo. En capítulos posteriores abordaremos la forma en que se capacita y retiene el talento dentro de tu organización.

¿Qué tipo de talento queremos?

Para saber lo que queremos y necesitamos es necesario, en primer término, pasar de lo intangible a lo tangible; es decir, no es suficiente una descripción de puestos, sino que necesitamos un *scorecard* que nos permita saber con exactitud los alcances de esa persona a través de indicadores fiables y precisos, algo así como una guía del jugador o una descripción de puesto (*player guide line*). Entra a www.talentwar.com para descargar un ejemplo de estos dos formatos, así como una guía de cómo llenarlos.

La mejor forma de elaborar un *scorecard* es principalmente con dos elementos:

- Los indicadores de la responsabilidad y el desempeño de la posición
- La evaluación de las competencias con respecto a su posición y a los valores de la organización

Los dos son sumamente importantes y quedarían incompletos y en riesgo si eliminamos alguno.

Por mi experiencia puedo comentar que el *scorecard* obtenido es poderosísimo, pues tiene valor en diversos puntos: al realizarlo (aunque te lleve tiempo o te cueste mucho trabajo), estarás haciendo tangible lo intangible. Incluso reconformarás tu pensamiento acerca de lo que es un buen colaborador para tal posición. Además, es un filtro por sí mismo, ya que en el momento en que se lo enseñas al candidato en la entrevista, ¡sale corriendo o lo abraza con entusiasmo! Si es lo primero, estás de suerte, pues rápidamente te liberaste de un potencial colaborador tipo B o C.

Por otra parte, si se compromete, él ya sabe también lo que tiene que hacer y no hay pretextos. Por último, el filtro tiene ángulos agudos, lo cual significa que es duro y directo. Quizá puedes suavizar el tema con palabras e historias, pero una posición se cumple o no, así de simple.

Cabe expresar que a las personas tipo A les encantan los retos, las responsabilidades y los resultados (*accountability*), ya que están acostumbradas a lograr lo que desean, y es precisamente a través de sus resultados profesionales que sus metas personales se van haciendo realidad. Además, les gusta ser reconocidas, competir y ser partícipes de una misión. Y también saben y les gusta trabajar en equipo.

Por último, el *scorecard* pone por escrito los puntos sustanciales y te obliga a pensar en la cultura de tu equipo u organización, lo que genera un cambio radical en la forma de hacer las cosas. Esa cultura escrita y documentada lo que esencialmente busca es traducir una filosofía en comportamientos.

Un aspecto muy significativo de este libro tiene que ver, precisamente, con esta cultura, y ahondaremos en la manera en que los colaboradores A quieran estar en tu organización.

Por lo pronto, en la página web www.talentwar.com, encontrarás algunos ejemplos de *scorecards* diseñados para este propósito.

¿Cómo lo encontramos?

> *Existe algo extraño, algo más fino, mucho*
> *más escaso que el talento.*
> *Es la habilidad de reconocerlo.*
> Elbert Hubbard

En las cien mejores empresas en el mundo, 20% de su éxito se desprende de la eficacia de la selección del candidato por medio del proceso de entrevistas tradicional. ¿No es increíble que vivamos en un sistema tan imperfecto y lo sigamos aplicando? Reclutadores, gerentes de Recursos Humanos, directores generales, gerentes de Finanzas, asistentes, secretarias, ¡todos dentro del mismo círculo vicioso! Claro, se necesita valentía y aprendizaje para ir contra la corriente. ¡Arriésgate y hazlo a tu manera!

Supongamos que tu mentalidad ya está enfocada en la caza de talento o el reclutamiento, por lo que cuentas ya con algunos candidatos alineados para una u otra posición. Recuerda: aquí no se necesita volumen, sino calidad. Como punto de inicio, con que tengas identificados de 3 a 5 candidatos, es suficiente, ya que requerirás dedicarles bastante tiempo.

En los habituales procesos de entrevista existe la clásica regla no escrita de que debería durar una hora. Es más, habitualmente los citamos de las 16:00 a las a 17:00 horas o de 17:00 a 18:00 horas, por lo que el entrevistador, en ocasiones, no tiene siquiera tiempo de escribir sus notas o compararlas. Además, dejamos el reclutamiento en manos de colaboradores inexpertos, tanto en el proceso mismo como en lo que se está buscando. Claro, lo hacemos porque no tenemos tiempo y tenemos "muchos candidatos", ¿verdad?

Pero retornemos ahora a la forma en que esta obra plantea el proceso de reclutamiento. Como punto de partida, ya tienes tu *scorecard*, así como una triada de candidatos. Dividiremos las entrevistas en un proceso de tres tipos:

- Filtro
- Valoración
- Confirmación

Es esencial que te capacites, vigiles y respetes cada una; es muy importante que las practiques y les hagas caso. Es decir, en ocasiones tenemos una intuición de que una persona será un colaborador tipo A, y entonces rompemos el proceso y le ofrecemos la posición. Es probable que tengas ese sexto sentido y sea cierto, pero, ¿y si no? Vale mucho más la pena utilizar esa intuición para agregarlos en tu embudo de selección y hacerlos pasar por el proceso. Además, ellos también vivirán el profesionalismo con el que haces las cosas y esto, por sí mismo, es una lección poderosísima.

El primer paso, el filtro, se puede hacer de forma remota. Es posible realizar la entrevista por teléfono o videoconferencia, siempre y cuando tengas las herramientas necesarias para ello. El *scorecard* es la primera, la "historia de mi carrera" puede ser otra. Sin embargo, puedes modificar o diseñar la tuya y hacerla a tu medida. Lo importante es que exista un documento especialmente largo, detallado e incluso difícil de llenar, en el cual se abordará la historia completa de la vida laboral (incluyendo la de estudiante, en caso de que recién haya egresado de la escuela o universidad).

Asimismo, las preguntas deben estar diseñadas para ser respondidas de manera rápida y directa, y deben proporcionarte información predictiva de acuerdo con su pasado. En www.talentwar.com encontrarás un ejemplo del formato "historia de mi carrera".

El proceso de llenado de este documento y la posterior entrevista de 45 minutos, profundizando y analizando pregunta por pregunta, te permitirá encontrar huecos e inconsistencias, lo cual será un formidable filtro natural, el cual les encanta a los colaboradores A, ¡pero no a los B y C!

Para el segundo paso, la valoración, se necesita platicar en persona probablemente cuatro o más horas; entre más tiempo le dediques a esta fase más probabilidades de éxito tendrás. Aquí solamente necesitas tu balance *scorecard* y tus notas de la entrevista y filtro inicial.

Empleando la metáfora de una cebolla, vas "pelando" nuevamente las capas, detectando patrones y tendencias, y conociendo su forma de desempeñarse en el pasado, pues es muy probable que siga ese mismo patrón de comportamiento. Y deberá haber un cambio radical, demostrable y medible que sugiera lo contrario. Además, estarás conociendo su pasado e historia en cuatro áreas: escuela, trabajo, objetivos de carrera y competencias. Aquí es donde comienzas a alinear lo que buscas con lo que el candidato posee.

Para cada punto de su currículum laboral deberás indagar elementos tales como: ¿para qué objetivo específico te contrataron?, ¿cuáles fueron tus logros?, ¿qué fallas o errores tuviste en tu trabajo y qué aprendiste de ellos?, ¿qué talento heredaste?, ¿qué talento has desarrollado y cómo has mejorado la mezcla?, ¿cómo eran las personas con las que trabajaste y cómo te evaluarían?, explica con detalle: ¿por qué dejaste tu anterior empleo?, etcétera. Además, deberás conocer cuáles son sus planes de carrera, el tiempo en el cual pretende lograrlos y por qué cree que son importantes. Aquí puedes profundizar mucho más que en la entrevista telefónica.

En este momento es probable que tanto tú como el candidato estén algo cansados, y pueden tener un descanso y regresar. Acuérdate de que tener un *wingman* en la entrevista puede ser muy beneficioso, alguien que tome nota, que evalúe el lenguaje no verbal, que se fije en los detalles, etcétera, lo cual puede ser de mucha ayuda.

Por último, hablen de las competencias. Tú ya sabes las que necesitas. Defínelas y que el candidato te explique las que tiene, las que no y las que le cuestan más trabajo. Ahora es el momento de conocerlo, de indagar más a profundidad: que describa con detalle y explique. En este momento debes analizar: ¿esto se alinea con lo que escribió?, ¿tiene posibilidades de aprender las competencias que no tiene?, ¿es fundamental alguna que no tiene y no podrá aprender? Recuerda que todo este proceso lo tienes disponible en www.talentwar.com

A estas alturas, todavía no es momento de "venderle" el puesto al candidato, aunque creas que puede ser el correcto, ni tampoco la empresa. Al pasar por el proceso, conocer la filosofía y entender las competencias que se esperan de él, ya tendrá idea del tipo de organización y la clase de responsabilidades que deberá cubrir.

Ahora sí, ha llegado el momento en que puedes comparar candidatos: números, notas, comentarios, valoraciones y ponderaciones, todo ello es posible y factible para definir la mejor alternativa. Sin embargo, te falta la última parte del proceso: la confirmación.

En los documentos del proceso se especifica claramente el tipo de referencias que necesitas, ya sean laborales, escolares y profesionales para comprobar la veracidad de sus afirmaciones. De hecho, solicitarlas es, por sí mismo, parte del proceso de filtrado. Un candidato B o C dudará mucho en darte esas referencias: va a poner pretextos, razones, argumentos o pretextos varios. En contraste, un candidato A incluso sigue en contacto con esas referencias, aunque haya pasado mucho tiempo. Por supuesto que hay excepciones, pero la clave es encontrar patrones y tendencias en ese aspecto también.

A continuación escoges a quién contactar. Seleccionarás con quién hablar, no el candidato. Una carta formal (por correo) y una llamada de presentación pueden tomarte de 10 a 15 minutos por cada prospecto. Es más, el ánimo, el gusto y la rapidez con los cuales te atiendan sus referencias será otra señal del tipo de persona que es. ¡Todo cuenta!

El objetivo de esta llamada es confirmar lo que ya sabes: asegurarte de que existe consistencia en lo que tiene escrito, sus palabras y sus acciones. No digo que elimines a algún candidato si una de sus referencias no te contesta. Lo que expreso es que puedes darte cuenta de algo adicional y confirmar tu decisión. Sin embargo, puede ser también que encuentres una línea clara de comportamiento en el tiempo y cambies tu decisión rápidamente.

¿Cómo lo integramos?

Ahora ya tenemos completos los dos primeros pasos del reclutamiento (saber lo que queremos y encontrarlo), pero falta que el candidato quiera integrarse tanto en la organización como con tu equipo. Entonces es el momento de "vender" y explicar, dejar que pregunte y responder con la misma honestidad.

Es importante que permitas y generes el ambiente óptimo para que el candidato sienta la confianza de poder preguntar lo que le plazca. Que indague también y se entere de lo que haces y cómo. Recuerda, el proceso anterior le dará una idea clara; sin embargo, puede ser que te pregunte algo de tu historia personal o de tus objetivos y relaciones dentro de la organización. Insisto, sé honesto y pragmático. Ellos también "huelen" las mentiras, al igual que tú. Pero, sobre todo, es muy importante que el candidato "viva" la filosofía y cultura empresarial u organizacional existente: que la palpe y la compruebe; que pueda hacerla tangible e incluso lo enamore.

Tu congruencia como líder y tu desempeño profesional, de acuerdo con los valores organizacionales, le darán idea al candidato si es atractivo colaborar contigo y con tu organización. La honestidad y profesionalismo con el que respondas le dirán mucho de ti.

Además, puedes platicar de la visión, la misión, los valores y el propósito superior, así como experiencias o anécdotas reales que reflejen algún momento en que los valores de la organización se pusieron a prueba. Hay que darle hechos tangibles de que lo que dices que existe, realmente exista. Un candidato A se va a enamorar de esto, pero quizás no es probable que ocurra así con un candidato B o C. ¡Ni modo! Aquí también se aplica otro proceso de valoración parecido al que relatamos antes.

Lograr que un candidato tenga una experiencia que le muestre la filosofía y cultura es muy difícil, en un principio. Sigue siendo candidato y solamente viviendo el día con día se podría compenetrar definitivamente. Sin embargo, podemos recrear algunos momentos específicos y situaciones para darle una "probadita" de lo que es la organización.

En primer lugar, es importante que tengas bien definida tu filosofía. A continuación, desarrollaré un poco más a detalle los elementos mínimos necesarios que definen la cultura de la organización.

Propósito superior

¿Por qué existe tu empresa?, ¿cuál es ese verdadero propósito por el cual haces lo que haces? Simon Sinek expresa: "Si todavía no tienes bien definido tu porqué, es el momento de hacerlo". Sin extenderme demasiado, ya que no es el propósito específico de este libro, te puedo hacer algunas recomendaciones para esto.

En primer lugar, según relata Simon: "Tus clientes no te compran lo que haces; te compran el porqué lo haces". El círculo dorado de Simon es realmente una serie de tres círculos concéntricos, de diferente tamaño, cada uno menor hacia el centro, muy similar a una diana de arquería. Al centro tenemos el *porqué*, en el siguiente círculo, en medio, tenemos el *cómo* y, por último, el círculo externo es el *qué*. Trataré de definir, de forma simple, lo que significa cada uno y después daré algunos ejemplos de aplicación.

- ¿Qué? Resulta obvio decir que todas las organizaciones saben lo que hacen y conocen perfectamente bien sus productos o servicios. En general es donde nos sentimos confortables hablando de ello y lo que todo nuestro equipo domina.
- ¿Cómo? Se utiliza, normalmente, para explicar cómo se diferencia tu producto o servicio de los demás, y si es mejor o de mayor valor. En muchas ocasiones se le

puede conocer como el USP (*Unique Selling Proposition*) o PUV (Propuesta Única de Valor).
- ¿Por qué? Aquí es donde la mayoría de las personas se quedan en la oscuridad. ¿Por qué haces lo que haces?, ¿cuál es tu propósito, causa o creencia?, ¿qué es lo que te respalda como fin último?

La mayoría de las organizaciones piensan, actúan o se comunican del exterior hacia el interior, es decir, desde el *qué* hasta el *por qué*, ya que es lo más habitual y sencillo, pues no hay que pensar, razonar o interiorizar demasiado. Además, es mucho más tangible y descriptible. Hasta con un folleto se puede hacer o incluso, ¡con una fotografía!

El ejemplo más utilizado para describir este aspecto es el de Apple. Todo mundo conoce el trabajo de Steve Jobs y la empresa que fundó y creció hasta niveles formidables. Si Apple se comunicara desde afuera hacia adentro, su *pitch* de ventas sería algo así como: "Fabricamos computadoras y artículos electrónicos muy buenos (*qué*). Tienen un bello diseño, son simples de usar y amigables al usuario (*cómo*). ¿Te gustaría comprar uno?"

Sin embargo, Apple se comunica realmente así: "En todo lo que hacemos, retamos el *status quo*. Creemos en pensar diferente (*porqué*). La forma en que nos retamos es a través de la creación de los bellos diseños de nuestros productos, simplicidad en su uso y amigables con el usuario (*cómo*). Fabricamos computadoras y artículos electrónicos muy buenos (*qué*). ¿Te gustaría comprar alguno?"

No solamente la información se colocó de manera reversible; el mensaje comienza con el *porqué*: un propósito, causa o creencia que no tiene nada que ver con el ¿qué hacen?; esto significa que los productos que fabrican, desde computadoras hasta artículos electrónicos, aunque no son la razón de compra, sirven como una prueba tangible de la causa. ¡Las personas no te compran lo que haces, sino el porqué lo haces!

Las organizaciones utilizan características tangibles y beneficios para construir un argumento racional del porqué su producto o servicio es mejor que otros. Nos venden o vendemos lo que hacemos, pero compramos el porqué.

Al comunicarnos de adentro hacia afuera, nos centramos en el *porqué*, en la razón de compra, y el *qué* solamente queda como una prueba tangible de nuestra creencia o propósito.

Valores

Desde que estudié un diplomado en Calidad Total en 1992, se hablaba de los valores en las organizaciones. Es más, se pusieron mucho de moda cuando múltiples empresas comenzaron a certificarse en ISO 9000 y sus variantes, ya que este era un requisito necesario.

¡Otro intangible! Efectivamente, ¿cómo trasladamos los valores intangibles que pensamos o sentimos a un documento o comportamiento medible? En primer lugar, trataremos de definir qué son los valores organizacionales, luego, cómo concebimos los nuestros y, por último, cómo los presentamos de manera que sean comprensibles y medibles dentro de nuestra organización.

La definición específica de la palabra *valor* es:

> Una cualidad de un sujeto u objeto. Son agregados a las características físicas o psicológicas, tangibles del objeto; es decir, son atributos al objeto por un individuo o grupo social, modificando, a partir de esa atribución, su comportamiento y actitudes hacia el objeto en cuestión. El valor es una cualidad que confiere a las cosas, hechos o personas una estimación, ya sea negativa o positiva.

Lo que personalmente entiendo como valores son todo aquello a lo que, de forma individual, ya sea por educación, cultura o elección, le otorgo una alta estima en mi escala de prioridades. Dicho de otra forma, tengo una lista de atributos de vida, los cuales defino y clasifico según lo que considero importante.

Cabe mencionar que existen valores universales, como la honestidad, la vida y el amor. Sin embargo, en diferentes culturas y en distintas épocas la escala de valores ha sido muy distinta. En nuestra sociedad actual tenemos algunos inamovibles y otros que hemos ido perdiendo o modificando. Por ahora no profundizaremos en ello, solamente intentaremos encontrar los valores de nuestra organización.

Visualiza tu empresa u organización como una persona. ¿Cómo la definirías?, ¿es hombre o mujer?, ¿de qué edad aproximadamente?, ¿a qué le da importancia?, ¿en qué se fija y enfoca?

La mayoría de las Pequeñas y Medianas Empresas (PYME) tienen características muy similares a las del dueño o fundador. Esto significa que la empresa se parece en la forma de actuar y responder del líder. O, mejor dicho, los valores de esa persona son "trasladados" a la organización. Sin embargo, esto normalmente se hace de manera informal, por lo que también se transfieren los atributos no tan positivos de la misma persona.

Lo que debemos realizar es un ejercicio de introspección en la organización y definir perfectamente lo que queremos ser. Existen muchas formas de encontrarlos. A continuación te presento una forma sencilla y práctica de hacerlo.

1. Consigue una lista de valores ordenados al azar (puedes encontrar una en www.talentwar.com).
2. Jerarquízalos. Trata de acomodarlos por orden de importancia a lo que quieras tener en tu organización; no lo que tienes, sino lo que te gustaría tener.
3. Elige cinco. No más, no menos. Si lo crees necesario, puedes integrar algún valor dentro de otro, siempre y cuando te queden claros y puedas mezclarlos en la definición.
4. Defínelos. Para ti, ¿qué significa *honestidad*? Trata de agregar un verbo previo. Eso te ayudará a que el valor se convierta en un adjetivo accionable y medible.

Te presento un ejemplo de valores organizacionales, los cuales corresponden a Asgar Corporation, y definen perfectamente bien lo que somos y lo que queremos ser. Algunos de ellos están en inglés debido a que no existe una traducción exacta al castellano.

1. Vive con pasión. Me divierto mientras colaboro con mi equipo y genero confianza en nuestros clientes. Creo entornos que inspiran a las personas a dar lo mejor de sí mismas.

2. *Be accountable*. Cuento con mi equipo porque mi equipo cuenta conmigo. Soy responsable de mis acciones, mis resultados y mis errores.
3. Recuerda ser íntegro. Actúo con base en los valores de la organización, aunque nadie esté observándome.
4. Busca la innovación. Constantemente busco nuevas perspectivas para resolver problemas o mejorar procesos. Encuentro la adversidad como un terreno fértil para nuevas oportunidades.
5. Empodérate. Conozco mis talentos y los de mi equipo, y los canalizo para cumplir objetivos y dar resultados. Mantengo una comunicación positiva con mi equipo para facilitar la toma de decisiones.

Teniendo entonces ya tus valores definidos, podrás seguir adelante creando tu filosofía organizacional.

Visión

¿A dónde quieres llegar?, ¿cómo visualizas tu organización?, ¿cuál es tu sueño? Debemos evitar definiciones largas y complejas. Tratemos de vernos en el futuro y lograr definirlo en una frase; acuérdate de que, entre más simple, mejor, como la teoría KISS (Keep It Simple & Stupid). Que sea fácil de entender, que cualquier persona que lo lea le encuentre sentido.

Respecto de Asgar Corporation, la visión es: "Ser socio estratégico en programas de formación para las cien mejores empresas de México". Todos lo pueden entender, aprender y transmitirlo de una manera clara y simple.

Evita incluir en la definición cómo vas a lograrlo o qué características contiene. En otras palabras, hay aspectos que tendrás que aplicar, como el clásico "satisfacer a nuestros clientes" o "generar rentabilidad a los accionistas". ¡Eso es algo implícito! Recuerda lo importante y enfócate en ello.

Cuando logras tener estas definiciones de la cultura o filosofía organizacional, estarás muy avanzado. Y recuerda también que estas cambian, se modifican, evolucionan y crecen, por lo cual debes tener paciencia. En un principio, es muy probable que requieras revisarlas cada uno o dos años. Sin embargo, es mucho mejor contar con algo preliminar que no tener nada.

Si además diseñas lo anterior en una sola hoja y con apoyos visuales, podrás presentarle al candidato tu cultura. Un prospecto A se enamorará de ella y querrá pertenecer. Es un tema aspiracional y de sentido de pertenencia. Si tu candidato no comulga con la cultura de tu empresa, entonces tarde o temprano habrá problemas: eso es seguro. ¡He pasado por eso muchas veces!

Ya que tienes tu filosofía completa, puedes "venderla" al candidato. Esto consiste en que se la hagas saber, se la expliques, y logres, a través de la entrevista a profundidad, que el candidato reaccione a ella. ¿Le gusta?, ¿tiene dudas?, ¿percibes que no está de acuerdo?, ¿qué tanto se emociona con ella? Aquí es fundamental comprender que si el candidato NO se identifica con tu filosofía, NO lo lleves a tu organización. Así de simple.

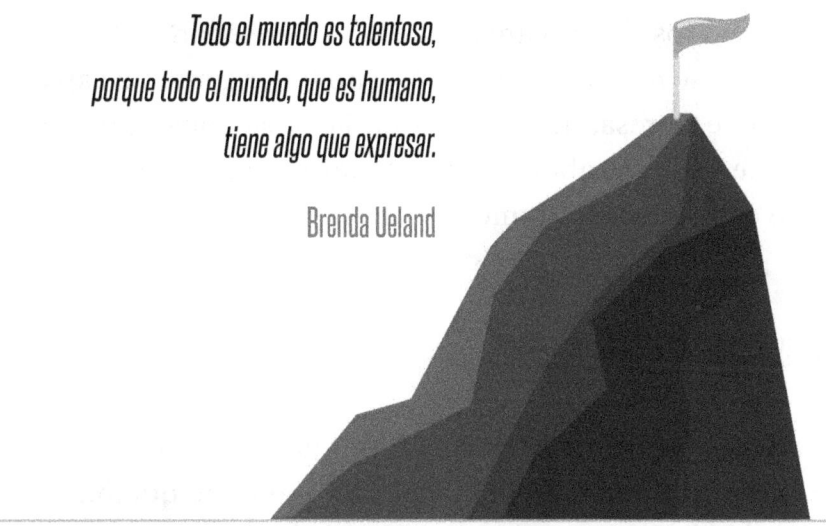

Todo el mundo es talentoso, porque todo el mundo, que es humano, tiene algo que expresar.

Brenda Ueland

4. La clave para formar talento

Existe una anécdota que se refiere a una reunión entre el director de Finanzas y el director de Recursos Humanos de una compañía, en la cual el primero expresa al segundo: "Oye, la capacitación es carísima; hemos invertido mucho dinero, ¡y ahora me estás proponiendo un plan de capacitación que cuesta US$100 000! Imagínate si le invertimos todo ese dinero al personal, ¡y luego se va!", Entonces el director de Recursos Humanos le responde: "Mira, son US$100 000, pero la pregunta no es: ¿qué pasa si la gente se va?, sino: ¿qué tal que se queda y no los tienes capacitados?". La enseñanza de esta anécdota es que resulta mucho más caro tener gente no capacitada en la empresa, que invertir en la capacitación, por lo cual en este capítulo abordaremos la importancia de formar al talento con el cual contamos.

¿Por qué es importante la formación?

La capacitación es muy importante porque es la manera en que te aseguras de que la gente haga lo que tiene que hacer, lo realice de la forma en que tiene que hacerlo y según la filosofía de la empresa. Esto es extremadamente esencial, puesto que es la única manera de tener un equipo, no solamente cohesionado y enfocado hacia una misma dirección, sino que conozca lo que requiere saber y tenga el espíritu de aplicarlo. En una empresa donde no tienes capacitación, normalmente las personas no pueden hacer su trabajo de la manera en que tú esperas: habitualmente tienen re-trabajos, errores y fallas de procesos, lo cual genera que el costo de tener personal no capacitado sea mucho mayor, aunque en un inicio no lo parezca así.

De acuerdo con algunas estadísticas, una persona de nivel C, o sea, no capacitada y con bajos resultados, puede costarle a la empresa aproximadamente cinco veces su salario mensual al año más su sueldo; es decir, el costo del retrabajo más el tiempo que le tienes que dedicar. Por ejemplo, si esta persona gana $20 000, te costará $100 000 tenerla, más los $20 000 mensuales que, de todas maneras, le pagas. En contraste, una persona capacitada te cuesta el sueldo, pero te lo regresa en ventas, ahorros, nuevos procesos, ideas, innovación y resultados de calidad.

La Tasa Interna de Retorno de la capacitación

Un aspecto clave acerca de la importancia de la formación es lo que se denomina Tasa Interna de Retorno (TIR) o *Internal Rate of Return*; en el punto anterior se abordó que debemos cambiar el enfoque de que la capacitación debe considerarse como una inversión y no como un gasto. A este respecto, muchas empresas siguen asignándolo como un gasto fijo o variable por persona cuando, en realidad, la capacitación es tan significativa como si invirtieran recursos económicos en nueva maquinaria o en una campaña de mercadotecnia; sin embargo, para que este rubro lo justifique así, el programa de capacitación debe restituir tangiblemente dinero a la empresa, igual o mayor que la cifra que invirtió.

Por regla general, cuando la empresa presenta una crisis, los financieros suelen enfocarse inmediatamente en hacer recortes, y en lo primero que se fijan es en los gastos; por lo tanto, si tú tienes tu programa de capacitación dentro del rubro de gastos, entonces lo primero que cortarán será la capacitación; sin embargo, con esta actitud estarán zanjando las inversiones de crecimiento. Es como si a una empresa le cortas la publicidad o la inversión en maquinaria o en tecnología, lo cual nos permite comprender por qué se debe considerar la capacitación como una inversión y no como un gasto.

Recuerdo el caso de una empresa que contrató nuestros servicios. Dicha organización contaba con 50 000 empleados, y estábamos trabajando con el grupo de Finanzas y Administración (dos mil personas aproximadamente), el cual representaba el *back office*; en otras palabras, el que se dedicaba a facturar y a cobrar. Dentro de cualquier empresa, ese grupo está catalogado como un *overhead* o como un costo, porque ese personal no genera negocio: simplemente está ahí porque tiene que administrar las facturas, los impuestos, el IVA y la cobranza. Dicha empresa nos contrató porque su personal estaba presentando un escaso desempeño, con un indicador de satisfacción laboral muy poco sustancial y cometía muchos errores. Para hacer frente a dicha situación, diseñamos un programa anual que abarcó mil personas de las dos mil disponibles, y el importe de dicho programa fue de aproximadamente US$70 000. Si dividimos dicha cantidad entre mil personas, el costo sería de US$70 por persona. A continuación, lo que hicimos fue seleccionar indicadores de clima y satisfacción laboral, los cuales suelen ser muy intangibles y habitualmente llevan a los financieros a expresar: "De acuerdo, me incrementaste dos puntos mi clima laboral, pero ¿eso cómo se refleja financieramente?" Sin embargo, para prevenir que eso ocurriera, desarrollamos durante esta capacitación ciertos proyectos de mejora que iban aprendiendo e implementando, previa aprobación de la Dirección General.

Luego de invertir US$70 000 a lo largo de un año, a los seis meses de concluir el programa, se habían implementado ocho de estos proyectos. La suma del ahorro de esos proyectos fue aproximadamente de US$700 000, lo cual representó una tasa de 10%, y esta es, precisamente, la Tasa Interna de Retorno.

La mayoría de las empresas que ofrecen capacitación no comprenden este aspecto tan relevante porque están lideradas por educadores o psicólogos; sin embargo, cuando el elemento financiero se integra a la capacitación, entonces se vuelve tangible el valor de la implementación de dicho recurso.

Otro ejemplo con características distintas, aunque cuidando la Tasa Interna de Retorno, fue la implementación de capacitación en un *call center* o centro de contacto con tres mil personas aproximadamente. La intención era modificar su programa de formación al personal que ofrece tarjetas de crédito a los clientes, comunican promociones y dan soporte en caso de pérdida.

La capacitación era extremadamente técnica, y, por órdenes de los superiores, solo se disponía de tres semanas para que el personal se formara debidamente, lo cual requería un esfuerzo demandante de parte nuestra y del personal, pues en un principio es totalmente inviable que una persona aprenda en dicho lapso todos y cada uno de los factores para dar un servicio de excelencia al cliente; entonces seleccionamos indicadores tales como el tiempo, la duración de llamada, la satisfacción del cliente, los errores y lo que nosotros denominamos tasa de retención del empleado después de la capacitación, y efectuamos el arduo proceso de formación. A la par, el área de Finanzas hizo una evaluación y consideró que los indicadores que le presentamos le representaban un ahorro de aproximadamente $50 000 000 al año. Cabe mencionar que nuestro programa representaba 10% de dicha cantidad, dentro de un proyecto continuo para cinco años de aplicación, lo cual le significaría un ahorro de $250 000 000. Con este nivel de ahorro, cualquier financiero te diría: "¡¿Dónde firmo?!".

La clave del TIR está en que la empresa de capacitación sepa diseñar los indicadores específicos para poder medir los resultados, y sea capaz de crear el programa de formación que impacte formidablemente los indicadores, de manera que el cliente tenga una Tasa Interna de Retorno directo.

Sin embargo, reitero, la falta de atención a este aspecto genera que el área de Finanzas se muestre renuente a la implementación de la capacitación y opino que esto se debe a que la capacitación, habitualmente, está a cargo de personas que no son profesionales en finanzas. Quizás lo sean en educación, psicología o recursos humanos, pero no saben de aspectos financieros, ni de sistemas de calidad.

En nuestro país existe, por parte de la Secretaría del Trabajo, una obligación patronal de cubrir ciertas horas de capacitación para los empleados sindicalizados. Sin embargo, conozco empresas que solo planean los programas de capacitación para cubrir las horas y presentarlas a dicha Secretaría, sin que se implementen realmente. Pero hay otras empresas que sí se preocupan genuinamente por el desarrollo personal y profesional de sus empleados. Es el segundo tipo de cliente el que realmente hace capacitación adecuada, pero habitualmente las empresas recurren a la formación solamente cuando están estresadas o desesperadas debido a los limitados resultados que están obteniendo y requieren soluciones casi inmediatas.

Aquí podría surgir la pregunta: ¿quién es el responsable de decidir que se lleve a cabo un programa de formación? Y la respuesta dependerá del tamaño de la organización. Para cuestiones prácticas, dividiré las empresas en tres tamaños:

1. Las micro y pequeñas empresas
2. Las medianas empresas
3. Las grandes empresas

En las micro y pequeñas empresas el dueño es quien toma la decisión. Tal vez cuenta con 15 o 30 empleados, está empezando a crecer y el dueño tiene que capacitarlos en muchos aspectos, por ejemplo, en los procesos, en el modelo de negocio y en los productos, pero también en la cultura que quiere impregnar en ellos. Quizá no cuente con abundantes recursos para capacitarlos y efectivamente sea un rubro que sobrepase su presupuesto, pero debe pensar que tener un equipo no preparado le costará más caro aún. Lo ideal es que el dueño se capacite y, a partir de esto, lo haga también con su personal, mientras genera más recursos.

En las empresas medianas, con más de 50 y hasta 200 o 300 empleados, generalmente ya tienen un administrador, un gerente de Recursos Humanos o de Finanzas, quienes, sin duda, 80% de su tiempo estarán dedicados a sus actividades recurrentes tales como la nómina, los pagos, las faltas y los trámites de gobierno. Quien ahí toma la decisión normalmente es el gerente administrativo o el de Recursos Humanos, aunque el dueño o director general invariablemente estarán muy involucrados, por lo que es muy raro que dichos gerentes tomen la decisión de capacitar sin consultar al dueño. Debido a que sus actividades les absorben casi completamente su tiempo, el gerente de Recursos Humanos o el gerente administrativo de este tipo de empresas suelen desplazar o ignorar los planes de capacitación, aplicándolos solo en casos estrictamente necesarios. Tal vez tengan convenientemente considerados sus programas de liderazgo para sus mandos altos, pero no se enfocan en toda su gente.

En el caso de los grandes corporativos, con más de 500 o mil empleados, generalmente ya existen directores de Recursos Humanos, e incluso Gerencias de Capacitación o de Desarrollo Organizacional, y son ellos los que toman las decisiones, pero siempre validadas por los directores financieros o directores de Administración.

Independientemente del tamaño de la empresa, la capacitación debe abordarse con seriedad y compromiso, sobre todo en los grandes corporativos, en los cuales los mandos superiores suelen recibir mucha capacitación y creen que "se la saben de todas, todas"; incluso abandonan o no se presentan a eventos o conferencias con un alto costo económico. Sin embargo, lo peor que podemos hacer es no tener humildad y no creer que podemos aprender todos los días de la persona que menos te lo esperas; cuando tú sientes que ya "te las sabes todas", es cuando tienes la tentación de salirte de este tipo de eventos, pero debes domar tu ego, pues eres un ejemplo para el resto del personal.

Puede ocurrir también que los ejecutivos que asisten a un programa de formación no tengan la actitud adecuada y se entretengan mirando su teléfono móvil o se distraigan en otros asuntos, pero las personas a cargo de la capacitación pueden pedirles que se retiren si no quieren estar ahí; quizá no sea lo mejor para la empresa, pero su actitud contamina al resto del personal, pues si yo, como líder, no aplico el plan que promulgo, entonces mi equipo obviamente no querrá hacerlo.

Es vital conocer que, para poder capacitar eficazmente, se requieren tres elementos: el querer, el saber y el poder. El primer elemento es el querer: si tú vas a aprender algo, primero necesitas querer aprenderlo. Tienes que darte cuenta de que no lo sabes, que lo necesitas y decidir que quieres aprenderlo. El primer elemento en un programa de capacitación es lograr que las personas que se van a capacitar quieran tomar la capacitación.

El segundo elemento, el saber, es trascendental. Ahí es donde el programa de formación transmite la información o el contenido específico de la capacitación a las personas. Puede ser una habilidad de comunicación, de negociación, un proceso técnico o cualquiera otra destreza que se requiera enseñar. Y el tercer elemento es el poder; es donde le ayudas a esa persona a implementar en la vida real lo que aprendió, pues, por ejemplo, no es lo mismo que sepas cómo leer un estado financiero, a que alguien te lo entregue, empiece a cuestionarte acerca de los elementos que lo integran y sepas cómo interpretarlo y aplicarlo. Por lo tanto, un programa de capacitación completo debe contener los tres elementos para que realmente sea efectivo y perdurable.

Diagnóstico de la situación actual

La foto actual

Para aplicar un programa efectivo de capacitación, todo inicia con un buen diagnóstico de la situación actual de la empresa. Dicho de otra manera: para poder impartir un programa de formación, primero necesitas saber cómo está la empresa realmente. Hay diagnósticos de diversos tipos: desde los generales hasta los particulares para cada organización, según el tamaño y su actividad preponderante, para decidir qué es lo que más les conviene. Es decir, si voy a trabajar con un grupo de mil personas, puedo diagnosticarlas con una herramienta muy generalizada, pero si voy a diagnosticar un grupo de ventas de 40 personas que venden autos, que es un producto especializado, necesito hacerlo de una manera mucho más enfocada a la industria y al perfil específico.

La foto actual o diagnóstico es, en resumen, cómo está la empresa en su capacitación; responde a preguntas como: ¿tus programas de formación son efectivos?, ¿los tienes organizados?, ¿son recurrentes?, ¿son medibles?, ¿están considerados como inversión y no como gasto?, ¿tienen una medición específica de indicadores?, ¿son de fácil acceso para el personal?, ¿tienes personas que los actualicen? Si la empresa no cuenta con esta foto clara y concluyente, difícilmente logrará resultados en sus planes de formación.

Algunos elementos que debes considerar para tener un diagnóstico inicial son:

- Primero, saber qué es lo que te gustaría que tu gente sepa.
- Segundo, saber lo siguiente: ¿tienes organizada tu capacitación?, ¿está calendarizada o se imparte esporádicamente?, ¿tienes a alguien dedicado al cien por ciento o no? Si esa persona lo hace: ¿sabe del tema o tiene experiencia?, ¿cuánto tiempo le dedica?, ¿tienes asesores externos?, ¿ tienes concentrada o no la información?, ¿está actualizada?
- El punto número tres de la situación actual es hacia dónde quieres ir: qué tipo de perfil quieres tener en tu empresa y qué tipo de valores deseas fomentar, ¿dónde te visualizas en cinco años?, ¿dónde quieres tener a esa gente en 10 años?

En mi experiencia profesional he detectado que la mayoría de empresas, ya sean pequeñas o grandes corporativos y transnacionales, que incluso cuentan con áreas de formación, no tienen un programa de formación con visión a largo plazo.

Vale la pena mencionar que en el diagnóstico se toma en cuenta una gran cantidad de información de la cual formarán también parte las opiniones y los puntos de vista de los empleados, a través de entrevistas, cuestionarios electrónicos y *focus group* en los cuales se seleccionan aleatoriamente a varios de ellos para conocer su percepción y así detectar el clima laboral, el cual será también parte del diagnóstico. Por regla general, mayor satisfacción de clima laboral significa que la filosofía de la empresa es congruente, y a las personas les gusta esa filosofía. Si tú tienes un clima laboral no adecuado, es porque las personas se sienten engañadas debido a que tu cultura corporativa y de valores no es congruente contigo. O bien ellos no son los apropiados para esa cultura, lo cual tiene que ver, evidentemente, con la selección del personal adecuado.

¿Por qué, cómo y qué medir?

Abordaré a continuación el aspecto de la eficiencia y la eficacia de la capacitación, en donde se consideran tres aspectos: el fondo, la forma y la operación.

De acuerdo con los tres ámbitos de querer, saber y poder que mencionamos en el apartado anterior, la manera de enseñar se fundamentará en cuidar el fondo, la forma y la operación, los cuales son vitales, y procederé a explicarlos.

El fondo se refiere a lo que enseñas, la información, el contenido en sí mismo; es lo que quieres que aprendan. Puede haber fondos suaves o fondos técnicos, y citaré un ejemplo para explicarlo mejor.

En una ocasión brindamos nuestros servicios para capacitar a 3 500 demovendedoras de una refresquera. Una de las principales problemáticas de esta empresa era la tremenda rotación del personal, de 150%; es decir, cada año cambiaba una vez y media a las 3 500 personas, por lo tanto, no le daba tiempo de capacitarlas. El otro problema que presentaba era que el personal era muy joven, de entre 17 y 20 años, con secundaria terminada, sin nivel sociocultural alto, sin conocimientos de inglés, ni de procesos, calidad o ventas. Asimismo, el otro inconveniente era la cantidad de información que debía recibir acerca de las innumerables características de sus productos, así como los de la competencia. Entonces ya existían dos elementos que debía aprender: los beneficios de los productos y la comparación con la competencia. Adicionalmente, debía dominar sus procesos internos: cómo recibir el producto, cómo desemplayar, cómo subirlo o bajarlo, cómo acomodarlo en el *rack*, cómo capturar la venta, cómo reportarla, cómo capturar el inventario, así como los procesos externos: ¿cómo se manejan cada una de las tiendas departamentales a las cuales se surte?, ¿cómo se hace el recibo?, ¿cómo se hace la entrega?, ¿cómo se hacen las devoluciones?, ¿en qué horarios se puede sacar la mercancía? Esto sin mencionar un siguiente elemento: enseñar a negociar, a hablar en público, a presentar, a vender y a no tener pena con los clientes.

Cuando analizamos los materiales que empleaba para la capacitación, descubrimos que recurría a capacitaciones presenciales tradicionales con PowerPoint y facilitadores internos, que visitaban cada seis meses las diferentes plazas, pero cuando regresaban luego de dicho lapso, notaban que el personal era completamente diferente, ¡y había que empezar de nuevo!

Para iniciar, nosotros nos enfocamos primero en el fondo, posteriormente en la forma y luego en la operación. Inicialmente recopilamos la información disponible, tanto del producto como de los recursos empleados para formar a las personas (fondo), lo cual nos tomó algunos meses, ya que requirió organización y priorización de los datos disponibles. Una vez realizado lo anterior, nos enfocamos en la forma, y entonces, con base en todas esas variables, les diseñamos unos juegos presenciales de fácil comprensión. Luego nos enfocamos en la operación, considerando estos factores: son tres mil personas, están en 58 locaciones diferentes a nivel nacional, tienen 400 supervisores, y solamente puedes sacarlos una hora a la semana para capacitarlos. Finalmente, la combinación armoniosa de los tres aspectos permitió que el programa implementado fuera un éxito.

Hay una frase de Peter Drucker que expresa: "Tú no puedes mejorar lo que no puedes medir"; entonces, primero necesitas medir dónde estás actualmente para poderlo mejorar, y esto corresponde al qué: tienes que medir la actitud, la satisfacción, las horas de capacitación que das por persona y los plazos. Ahora, respecto del cómo, la clave está en mejorar lo esencial, pero en muchos lugares, y de esta manera se hace una sinergia, pues si al personal se le da una estructura, un poco de motivación, contenido relevante y seguimiento continuo, entonces el efecto será multiplicador.

¿Hacia dónde quiero ir?

Un buen programa de formación de todo tu equipo comienza con enseñarle la filosofía y los valores de tu empresa: cómo se implementan, cómo se miden, qué pasa si no los cumplen y cuáles son las consecuencias. La primera persona que debe estar comprometida es el líder, quien debe ser congruente y capacitarse para que su personal pueda identificarse con él, implementando así la cultura, la visión y la filosofía de la empresa en sus actividades cotidianas, lo cual tiene amplios beneficios. Uno de estos es, por ejemplo, que los empleados evitarán expresar: "Aquí no veo ningún líder, por lo cual nada no va a cambiar, así que, ¿para qué tomo esta capacitación?", lo cual denota un problema gravísimo de confianza en la empresa, de credibilidad con los líderes y de actitud de los empleados. La única manera de cambiar de raíz esta cuestión es empezar por la cabeza, ya sea el dueño o el director general, quien deberá capacitarse.

Llegados a este punto, en el cual una empresa comprende que requiere capacitación, tendrá que tomar una decisión: "¿Qué hago?, ¿contrato capacitación externa o formo mis propios capacitadores internos?".

Respecto de los capacitadores internos, el problema para cualquier empresa radica en que "nadie es profeta en su propia tierra", pues este personal está tan inmerso en las actividades de la misma que no suele percibir lo que está sucediendo globalmente, y eso hace que sus capacitaciones sean, habitualmente, considerablemente cerradas, con pocos cambios y escasa innovación, tanto en el qué y en el cómo, aunque bien puede considerarse como algo que vale la pena debido al costo de la inversión.

Esta última afirmación puede parecer un tanto contradictoria, pero no es así; en ocasiones el tamaño de la empresa así lo precisa, pero la clave está en que dichos capacitadores internos estén ayudados por una empresa externa, lo cual será la combinación perfecta. Si quieres que una empresa externa te haga todo, tal vez tarden mucho tiempo en entender la organización e implementar un programa, lo cual elevará los costos. En este sentido, la empresa externa puede ayudar a sacarlos del área de confort, enseñarles nuevas metodologías y a organizar la información de una manera más efectiva.

Por otro lado, los capacitadores internos en las empresas son personas que saben hacer las cosas y fueron promovidas o seleccionadas para enseñar sus conocimientos a los demás, pero nadie las capacitó para ser facilitadoras, por lo cual no saben de manejo de grupo, técnicas didácticas o evaluaciones. Debido a esto, reitero que lo ideal es que la empresa externa dé capacitación y los instructores internos hagan mancuerna, ya que la primera puede diseñar el programa y habilitar a los segundos para impartirlo, medirlo y crear la atmósfera ideal de aprendizaje.

Cabe aclarar que algunos temas tales como comunicación, negociación, venta o desarrollo humano sí requieren instructores externos, ya que los internos normalmente no tienen la habilidad para enseñarlos. Una empresa experta te ayuda precisamente a entender dónde te conviene hacerlo internamente y dónde externamente; la clave es encontrar la justa medida intermedia, aunque las empresas pequeñas o medianas no suelen tener capacitadores internos, ya que no cuentan con una estructura tan grande para que los tengan, por lo tanto, recurren a las empresas o a los capacitadores externos.

En honor a la verdad, quiero expresar que, como en todas las áreas de la actividad humana, en el campo de la capacitación existen buenos y malos en el mercado. Como en cualquier industria, existen charlatanes, pero también extraordinarios profesionistas. Tú no contratarías a un personaje vestido de payaso para impartir capacitación acerca de finanzas, toma de decisiones, negociación o resolución de problemas en tu empresa, ¿verdad? La clave estará en comprender quién te dará el servicio adecuado. Si bien la formación hoy día es más didáctica, dinámica y divertida que en el pasado, esto no debe llevarse al exceso, pues el hecho de tener juegos sin ton ni son, y sin aterrizarlos a un tema en particular no es muy productivo, puesto que un instructor puede cautivar a un grupo por varias horas, riéndose y aplaudiendo, pero si no les enseñó a aplicarlo, entonces su conocimiento será sumamente cuestionable.

DNC (Detección de Necesidades de Capacitación)

Definición y sus diferentes formas

A continuación abordaremos el importante aspecto de la Detección de Necesidades de Capacitación (DNC), cuya definición propiamente puede explicarse así: con respecto a la foto actual que tienes y hacia dónde quieres llegar, ¿cuál es la brecha o el *gap* que existe? Por ejemplo, si descubriste que tienes vendedores que no están cerrando los negocios o las ventas, entonces has detectado que tu gente no sabe negociar y cerrar, por lo cual tienes que capacitarlos en negociación, y con esto ya tienes detectada la necesidad de capacitación de tu grupo de ventas. Sin embargo, en la práctica, esto obviamente es mucho más complejo.

Las diferentes formas consisten en diagnosticar los siguientes elementos:

- Formativos
- Culturales o filosóficos
- Personales

Los elementos formativos se refieren a lo que tu personal debe saber. Por ejemplo, si la empresa afirma: "Tengo un contador, Martínez, que debe entregarme determinados reportes en Excel cada semana, y necesito que me los dé graficados, con tablas dinámicas y con un análisis de *big data*", tal vez dicho contador tenga una actitud extraordinaria, sea un súper profesional, llegue temprano, se sepa comunicar y esté feliz con lo que gana, pero no sabe usar Excel; entonces, dentro de tu programa de formación expresarías: "Curso completo de Excel al contador Martínez", el cual se refiere a una capacitación formativa desde el punto de vista del contenido, que es una habilidad específica.

La segunda forma es la cultural o filosófica. En este caso, supongamos que tenemos a un contador apellidado Hernández, quien es experto en Excel, pero labora para una empresa extremadamente puntual, en la cual la hora de ingreso no es a las 8:00 a. m., sino a las 7:55 a. m. El contador siempre llega cinco minutos tarde a su empleo, así como a todas las juntas, y no entrega los reportes en la hora ni el día en que quedó de hacerlo y, para colmo, se va temprano. Desde el punto de vista de tu DNC, hay que abordar la forma cultural o filosófica del contador Hernández. No lo quieres despedir porque es el más eficaz al usar Excel, pero habrá que enseñarle la importancia de la puntualidad, y eso deberá abordarse desde el querer, el saber y el poder. Dicho de otra forma, tienes que enseñarle a que quiera ser puntual; tienes que enseñarle la importancia de la puntualidad y sus beneficios. Luego cerciórate de que sepa qué significa la puntualidad; por ejemplo, la puntualidad de la empresa es un minuto antes y es responder un correo dentro de las 24 horas luego de haberlo recibido. Dentro del tercer elemento, el poder, le enseñas cómo incrementar esa puntualidad. Le ayudas, por ejemplo, a que se despierte media hora antes, incluso le aportas elementos de ayuda: le regalas un despertador, quizás a manera de broma, pero haces que lo implemente, y entonces le cambiarás la cultura.

Finalmente, la forma personal es cuando el desarrollo humano de la persona es pobre, por ejemplo, no tiene destrezas de comunicación, ni habilidades empáticas o de manejo de las emociones negativas, como el enojo o el miedo. Citando el ejemplo de un contador, quizás sea muy bueno en Excel y puntual, pero tiene un genio de los mil demonios, nunca sabe decir que sí o que no de manera asertiva y cuando le piden ayuda se desquicia o se altera, por lo cual el DNC arrojaría que debes enseñarle herramientas de comunicación, nuevamente abordando el querer, el saber y el poder: por qué es bueno comunicarse, en qué le beneficia comunicarse y lograr que quiera comunicarse empáticamente.

Herramientas de diagnóstico

Hay diversas herramientas de diagnóstico que se emplean en el DNC, entre las cuales se encuentran, por ejemplo, los cuestionarios y exámenes. En estos, preguntarías: "¿Para ti la puntualidad es llegar a tiempo, llegar antes o llegar después?", con base en eso, determinas lo que piensa la gente. Otro ejemplo sería: "Haz una tabla dinámica en Excel con esta información", y verificas si la sabe hacer o no. O bien haces preguntas culturales. Todo depende de lo que estés queriendo medir: nivel formativo, cultural o personal. Dichos formatos pueden ser enviados por correo electrónico a los empleados, quienes los contestarán y así te proporcionarán un diagnóstico inicial con un cuestionario estadístico.

La segunda forma es con entrevistas: te diriges con personas clave en la organización, desde los líderes y los dueños, así como empleados muy buenos y muy deficientes. Encuentras personas clave que tengan ciertas características y las entrevistas; por ejemplo: "Platícame, ¿para ti qué es la puntualidad?". Y ellos dan los pormenores ante dichas preguntas. Con base en dichas entrevistas, obtienes la esencia real del diagnóstico de esas personas. Esta forma es un tanto complicada cuando tienes mucha gente, pero es muy buena cuando quieres tomar muestras.

La tercera forma es el *focus group*. En este reúnes en un salón entre 10 y 15 personas aproximadamente, los retienes entre hora y media y dos horas, los invitas a conversar entre ellos y a cuestionarse a sí mismos; por ejemplo, acerca de lo que es la puntualidad, quién llega puntual, quién no llega a tiempo, cómo se echan la culpa, a quién le echan la culpa (a ellos mismos, a otros, a la empresa, a los líderes), se pelean o no se pelean, hablan o no hablan, y con base en las observaciones puedes diagnosticar en qué nivel está ese grupo de cualquiera de los tres elementos que se haya querido analizar, ya sea el formativo, el cultural o el personal.

El otro es a través de lo que nosotros denominamos "el diario operación", que muchos le llaman *mystery shopper*. Lo que llevamos a cabo es hacernos pasar por clientes y observamos y evaluamos en calidad de testigos lo que ahí acontece, naturalmente, con una lista de lo que ha de observarse y diagnosticarse.

Por ejemplo, si uno entra a una cafetería y quiere diagnosticar el nivel de servicio, puede pedir un café con ciertas características específicas y detectar si el dependiente sonrió o no, si siguió el protocolo o no, si la caja registradora tenía cambio o no. O sea, analizas lo que están haciendo tras bambalinas y entonces, durante una visita de media hora, te sientas a observar lo que sucede o no sucede, con base en lo que quieres medir, ya sea el nivel formativo, cultural o personal. Esta forma es muy útil, puesto que, de otra manera, la medición de satisfacción al cliente podría ser muy subjetiva, llevando a resultados erróneos y poco fiables. Sin embargo, con el *mystery shopper* puede establecerse una gama más amplia de aspectos a evaluar; por ejemplo, es posible crear deliberadamente una situación que brinde la apariencia de un problema, el cual no tenga nada que ver con los productos que ofrece dicho establecimiento. El *mystery shopper* podría alegar que el establecimiento no se encuentra limpio o que la atención no ha sido debidamente rápida; es decir, grita o se enoja, pero con la intención de ver las reacciones de los empleados ante dicha eventualidad o situación incómoda.

Naturalmente, para actuar de esta forma tenemos que capacitar a las personas que van a hacer esto y diseñar y establecer los roles previamente. En otros casos, uno simplemente se sienta a observar los procesos, mientras otra persona mide los elementos que requieren atención; por ejemplo, alguien "descuidadamente" deja una cantidad de dinero en el mostrador, esto con el fin de medir los aspectos culturales con respecto a la honestidad.

Asimismo, si tu empresa no es muy grande, por ejemplo una PYME, se le puede pedir a un familiar o persona de confianza que vaya a tu establecimiento, ya sea tu restaurante, tienda, refaccionaria, etcétera, y pedirle que haga las preguntas que quieres y que te diga sus impresiones, lo cual te proporcionará una idea real de lo que está pasando; como sugerencia, hazlo cuatro veces en un mes, porque las condiciones de carga de trabajo, anímicas o incluso climáticas, pueden variar los resultados, lo cual te brindará la suficiente sensibilidad para saber si lo que crees que ocurre en tu negocio es lo que realmente sucede en la práctica.

Resumiendo, los elementos que pueden ayudarnos a realizar un DNC son:

- Cuestionarios
- Exámenes
- Entrevistas
- *Focus group*
- Ideas de operación o evaluación en directo

Estas herramientas nos permiten diagnosticar dónde se encuentra la empresa, y se enfocan tanto en los elementos formativos, culturales como personales, o bien, en una combinación de los tres. El diseño de todas estas herramientas puede ser personalizado (cuando se requiere un programa de gran escala, tal como el ejemplo que cité de las demovendedoras de la empresa refresquera), o bien algunos más generales o genéricos, todo depende del tamaño de tu empresa y del nivel de profundidad que requieras. Si eres una empresa mediana, puedes hacer un diagnóstico mucho más profundo que contratando a alguien, con tu gerente de Capacitación y utilizando las herramientas que te brindo en la página talentwar.com. Si tu empresa es grande, entonces sí requieres un diagnóstico mucho más extenso y profesional realizado por empresas muy especializadas en el tema o área.

La importancia de los líderes

En todo el proceso tanto de diagnóstico como de implementación de los programas de capacitación es imprescindible el compromiso de los líderes, ya se trate del director general, el gerente, los jefes o los supervisores, quienes en todo momento deberán mostrarse proactivos y participativos, puesto que su actitud permeará de manera directa e indirecta en la actitud de los empleados quienes, a su vez, lo reflejarán en su servicio al cliente; de hecho, hay una frase que dice: "Si quieres que tus empleados traten bien a tus clientes, trata a tus empleados como quisieras que trataran a tus clientes".

En este sentido, los líderes deben ser los primeros en capacitarse, y abandonar la idea de que "han recibido toda la formación que requieren", así como el ego que esto les genera, y ser receptivos, puesto que el DNC siempre muestra áreas por mejorar, ¡y ellos forman parte de la situación que debe resolverse en la empresa! Dicho de otra forma, el líder debe ser el primero en reconocer: "Existe un problema o situación a resolver, formo parte de este sistema y tengo que cambiar; tengo que ser congruente y debo capacitarme para que mi equipo vea que estoy haciendo lo necesario; reconozco mis errores y los corrijo; soy responsable de lo mío, de mis números y requiero que me vean trabajando más que ellos". Habitualmente estamos acostumbrados a que los líderes se sirvan de los demás, cuando un líder debe ser el que sirve a los demás. Si quieres una cultura de servicio con tu cliente, necesitas entonces ser un líder que sirve, no que se sirve de los demás. A este respecto, Simon Sinek, en uno de sus últimos libros, *Leaders Eat Last*, habla precisamente de ese liderazgo de servicio: "Si tus acciones inspiran a otros a soñar más, aprender más, hacer más y ser más, entonces eres un líder".

El papel del líder es muy importante, pues primero debe entender la filosofía; a continuación debe medir correctamente para comprender dónde están la empresa y él mismo como líder; a continuación, tener la disposición de cambiar, ya sean sus conocimientos, habilidades o actitudes para lograr los resultados previstos.

Plan de Formación Estratégico

Visión de la formación

La visión de la empresa y su filosofía organizacional son sumamente importantes para poder contar con un adecuado plan de formación, lo cual comentamos líneas arriba. Un plan estratégico de capacitación se refiere a una estructura diseñada para el largo plazo, preferentemente que abarque periodos de cinco años y no tan solo de uno o dos, lo cual permitirá darle continuidad al proyecto, y sirva también de soporte en otros aspectos tales como la selección de personal o el reclutamiento futuro. Supongamos que, de cien colaboradores originales, en el plazo de tres años, veinte han dejado de laborar; al reemplazarlos ya no los contratarás en el nivel que estaba inicialmente el personal de la empresa, sino en el que tu empresa tiene ahora, después de que ya has evolucionado y avanzado en tu plan.

Otro aspecto del porqué es importante tener un plan de capacitación estratégico a largo plazo, es porque las personas que se integrarán a las áreas de capacitación o de recursos humanos (quienes traerán una perspectiva diferente), podrán alinearse con tu visión, de manera que, cuando contrates a un nuevo gerente de Capacitación, tu visión estratégica le permitirá crear la parte táctica, es decir, los planes anuales, pero siempre basados en tu perspectiva.

Lo primero que debe procurar un plan estratégico a largo plazo es que esté alineado tanto con tu filosofía como con tu plan o visión de desarrollo empresarial para que marchen a la par. Por ejemplo, si cuentas con una filosofía organizacional en donde uno de tus valores es la honestidad o la pasión, entonces tu plan de desarrollo estratégico de formación siempre debe tener en cuenta dichos valores, pues debe ser algo que constantemente se reafirme como valores integrados.

Otro punto que debe considerar un plan estratégico de formación tiene que ver con las habilidades que quieres que las personas adquieran, ya sean *soft*, de negociación, financieras o de comunicación, puesto que así formarán siempre parte de tus programas.

Asimismo, cabe resaltar que toda capacitación debe considerar el elemento humano, el elemento de habilidades y el elemento técnico. Por ejemplo, hay empresas de *software* que pueden contar con 50 programadores y quizás 15 personas de *staff*, ya sea en Recursos Humanos, Finanzas o Ventas. Si en la visión estratégica de dicha empresa se afirma que es la empresa de tecnología más avanzada del país, debe serlo no solo en tecnología, sino en todas las áreas, de manera que avancen integralmente.

El cierre de la brecha

Para llegar de un punto A, en el que nos encontramos, al punto B, al cual queremos llegar, debemos construir un puente. En el contexto de la formación, el puente se refiere al diseño de tu programa de capacitación, y el caminar sobre este para llegar al otro lado es la implementación del programa, con la intención de cerrar la brecha, también conocida como *gap*.

Vale la pena mencionar que se debe poner especial atención a ambos aspectos. Por ejemplo, hace algún tiempo conocimos una empresa de seguros que procuraba contar con los mejores vendedores del país, por lo cual diseñó un extraordinario plan de capacitación, con tecnología de punta y contenidos de vanguardia; destinaba 80% de su presupuesto a la creación del plan, sin embargo, cuando quería implementarlo, o sea, cruzar el puente, ya no contaba con los recursos necesarios para hacerse cargo, pues no podía cubrir ya los costos que eso representaba.

Otro ejemplo parecido fue el caso de una empresa de microcréditos, la cual invertía amplios recursos a la capacitación, pero todos enfocados a la parte de la ejecución: viáticos y múltiples sesiones de capacitación, a las cuales destinaban muchas horas, pero el puente estaba mal diseñado, lo que hacía que esos recursos y esfuerzos resultaran infructuosos.

Estos ejemplos procuran ilustrar lo valioso de contar con un plan estratégico de capacitación, en donde se dé igual importancia tanto al diseño como a la operación. Si la empresa tiene un plan bien establecido, a largo plazo, bien diseñado, con contenido de vanguardia y con la operación establecida como debe ser, cuando llegue el momento de implementarlo, las probabilidades de éxito serán de 95% o incluso más; sin embargo, cabe precisar que tanto el contenido como la operación deben estar en sintonía con el mensaje y el receptor, pues debe existir una relación entre temas y perfiles.

Relación entre temas y perfiles

Mucha gente considera que el plan de capacitación estratégico solamente se debe diseñar para los altos mandos, es decir, los líderes, directores o subdirectores, y dejan a todos los demás a un lado, incluso a los gerentes o subgerentes. Dicha actitud genera que los perfiles de la empresa no estén completos. Por ejemplo, podrían manifestar: "Vamos a capacitar en comunicación y en liderazgo a los directores, pero a los programadores solamente vamos a capacitarlos en cuestiones técnicas, con temas tales como programación". Sin embargo, ¿qué es lo que ocurre? Sucede que están dejándose atrás todas las competencias laborales, fomentando que el personal se rezague en el largo plazo. Por lo tanto, un adecuado diseño estratégico requiere una atención plena en que los receptores, ya sean directivos, técnicos u operarios reciban igualdad de oportunidades en sus respectivos niveles de comprensión, ya sea que se les imparta liderazgo o negociación.

En un plan estratégico pobre, si se abordara, por ejemplo, el tema de la negociación, habitualmente lo establecerían así: "Vamos a enseñarles negociación a los vendedores", y destinarían todo el presupuesto para esa área, dejando de lado a los demás. En contraste, un plan estratégico efectivo lo haría extensivo a las personas de las áreas de Finanzas, Recursos Humanos e incluso a la de *back office*, pues ellas también tienen contacto con los clientes y requieren saber negociar; quizás no están vendiendo, pero deben saber negociar una cuestión de un pago o cobranza. Igual ocurre en Recursos Humanos al negociar con un colaborador difícil al cual deben despedir.

Un correcto plan estratégico debe establecer el nivel que cada perfil requiere; cada perfil precisa de una habilidad específica en un grado proporcional, ya se trate de negociación, liderazgo o comunicación.

Dentro del perfil también se considera el aspecto sociocultural del receptor. Por ejemplo, si se le va a enseñar negociación asertiva a un director, esta debe abordar la manera de negociar con otro director o dueño de empresa, pero si se le va a enseñar negociación asertiva a un coordinador de Cobranza con estudios de bachillerato, entonces el lenguaje, la profundidad y el tipo de enseñanza serán muy distintos. En resumen, la habilidad se hará extensiva a todo el personal, pero lo que cambiará será la manera de enseñarlo, la profundidad y el lenguaje a emplear con los diferentes perfiles de la organización. Asimismo, en el plan estratégico debe especificarse el *outcome* o resultado esperado para cada uno de los perfiles. Por ejemplo, el resultado esperado en el tema de negociación para el perfil de Dirección es: "Que pueda negociar cuestiones monetarias elevadas" y "Que pueda negociar con directores de otras empresas", pero cuando dichos contenidos se dirigen al perfil de Cobranza, el *outcome* sería: "El personal debe saber negociar cobranzas no mayores a $100 000 con clientes con una escolaridad máxima de universidad, así como hacerlo por teléfono". De esta manera, en la empresa existe congruencia de que cuenta con la habilidad de negociación para todos sus empleados, enfocada al nivel de profundidad que cada uno requiera.

Operación de la capacitación

Planeación táctica de la capacitación

Una vez que la planeación estratégica se ha diseñado, se requiere convertirla en una planeación táctica; es decir, una planeación anual en sintonía con lo que haces cotidianamente. La planeación táctica te permite realizar la planeación del día con día en un modelo anual, estableciendo calendarios, organizando agendas y determinando los subtemas que requieres cubrir a lo largo del tiempo. A esto también se le puede denominar planificación operativa.

Idealmente, 70% del presupuesto de la capacitación debe destinarse a operatividad y logística, y 30% restante se reserva en los DNC o en la planeación estratégica. Sin embargo, en muchas empresas sucede que 90% se destina a operatividad y logística, y tan solo 10% a diseño y planeación.

Resumiendo, la operatividad de la logística es la implementación en el día con día, permitiendo cerrar la brecha o *gap*.

Operatividad y logística

La operatividad de la logística toma en cuenta el aspecto de la manera en que vas a realizar la capacitación: si la vas a dar presencial o por medio de sesiones remotas. En caso de ser presencial, si emplearás facilitadores internos o externos; si será remota, qué plataforma emplearás. Asimismo, se establecerán los temas, subtemas y su duración en horas para cada uno.

A la par, designarás los grupos y los dividirás en subgrupos; por ejemplo: "Mis empleados de Finanzas son cien, voy a dividirlos en cuatro grupos de 25 cada uno; voy a darles 16 horas de capacitación del tema de negociación, y 16 del tema de comunicación", y eso se calendariza indicando todos los pormenores que conlleva: instructor, lugar y requisitos para cada sesión.

Este último punto incluye el aspecto de la logística, por ejemplo, prever las fechas y los viáticos de los asistentes (si es que requieren trasladarse), así como el lugar de impartición, ya sea que se ocupe la sala de capacitación de la empresa o se contrate un lugar ex profeso para el mismo. A la par, se consideran aspectos tales como la información que se requiere hacer llegar con anticipación a los asistentes, de manera que todos confirmen en tiempo y forma.

Para ilustrar la importancia de la operación y logística, recuerdo una situación con uno de nuestros clientes, una empresa enfocada en la industria llantera, la cual contaba con aproximadamente 800 vendedores a nivel nacional. Previo a nuestra contratación, la empresa había realizado una planeación táctica de los temas que querían tocar, pero no una buena planeación estratégica de su capacitación. Cuando se abordó el aspecto de la operatividad y logística, estableció que quería todas las sesiones de manera presencial. Sin embargo, en la práctica, la cantidad de sesiones y de horas que se tenían que dar a tantas personas en distintos lugares de la República, se convirtió en algo ineficiente, pues tan solo en viáticos gastaron aproximadamente 50% del presupuesto, pues de $1 000 000 destinados a la capacitación, ¡medio se gastaba en hoteles, comida, transportes, aviones, camiones y taxis para que el personal acudiera!

Una vez que llegamos, rediseñamos sus planes de capacitación, de manera que el presupuesto se estableció en la proporción 70/30 que ya hemos mencionado.

El ejemplo anterior pone de relieve que muchísimas empresas no tienen un conocimiento al respecto, por lo cual, al diseñar la operación de la capacitación, no toman en cuenta la logística y, en consecuencia, la implementación se vuelve inoperante, y tienen que rediseñar todo, convirtiendo así su plan de capacitación en un "monstruo de mil cabezas".

Presupuesto

Cuando hablamos de capacitación, un aspecto que siempre saldrá a relucir es el tema del presupuesto: la cantidad de dinero que la empresa ha determinado para que esta se realice. A este respecto, habitualmente surge la interrogante: ¿cuál es la cantidad adecuada de presupuesto de capacitación para una empresa? Y la respuesta que puede darse es: el presupuesto está relacionado con algún aspecto en particular, por ejemplo, pueden ser las ventas, la utilidad bruta, los topes de sueldos y salarios, o bien la cantidad de personal con que cuenta la empresa. Dicho de otra manera: no hay una fórmula definitiva de medición en el mercado que brinde una respuesta universal y que cubra todos los pormenores. En el mercado aún no existe una medición única de lo que es un presupuesto exacto de capacitación, lo cual genera que cada empresa, e incluso cada una de sus áreas, puedan tener una idea particular al respecto.

Generalmente cuando las empresas me consultan acerca de este particular, mi respuesta es: "Depende del tipo de empresa que tengas y de la que quieras tener en el futuro; asimismo, del tipo de brecha o *gap* existente, y el tipo de perfiles de personas de las cuales se disponga".

Hay empresas o empresarios que expresan: "Nos sentimos muy satisfechos, pues estamos destinando $10 000 000 a capacitación"; sin embargo, si la plantilla con la que cuentan es de diez mil empleados, en realidad se estaría destinando $1 000 al año por persona, equivalentes a un curso básico de manejo de Excel. En contraste, hay empresas que invierten la misma cantidad, pero no cuentan con mil empleados, sino con cien, que representaría $10 000 por persona al año, lo cual indica que tienen en alta estima la capacitación permanente y de calidad.

Hay algunos indicadores que pueden emplearse para precisar el presupuesto de capacitación:

1. Una forma de calcular el presupuesto puede ser un estimado que tome como referencia programas similares impartidos o experiencias previas de capacitación.
2. Cuando diseñas tácticamente cada perfil, este también tendrá un presupuesto asignado, pues no es lo mismo lo que se destinará a la capacitación de tu director comercial, que lo que se asigna a alguien operativo, como un chofer.
3. Otra manera de medir el presupuesto es con los sueldos de los colaboradores, ya que hay empresas que determinan sus segmentos de sueldo. Veamos un ejemplo: si tengo seis perfiles principales en la empresa, entre obreros, supervisores, coordinadores, administrativos, gerentes y directores; puede determinarse como presupuesto el equivalente a un mes de sueldo en capacitación para cada uno, pero siempre basado en el plan estratégico anual.
4. La última forma de establecer el presupuesto es a través de tu *gap*; una ventaja de este es que si tienes un plan estratégico de capacitación a largo plazo (5 a 10 años), puedes hacer incluso que tu presupuesto de capacitación vaya descendiendo conforme avanzan los años, puesto que tu *gap* o brecha será menor si el personal se capacita progresivamente, y menos habrá que enseñárseles.

Eficiencia y eficacia en la capacitación

Un programa estratégico de capacitación, profesionalmente diseñado y ejecutado, debe ser capaz de soportar el escrutinio de la evaluación de resultados, especialmente en cuanto a la eficiencia y eficacia se refiere. Una empresa profesional de capacitación en todo momento sabe los resultados que se alcanzarán y el estatus del programa de capacitación en el momento preciso, ya que se cuenta con indicadores puntuales que demuestran los resultados de manera directa. Personalmente suelo desconfiar de los instructores o capacitadores que no muestran indicadores en sus programas, pero que expresan airadamente que "elevarán las ventas en 1 200%" o que "la productividad se elevará al triple con su curso". Evidentemente son personas que, empleando formidables argumentos de venta, están a la caza de incautos que se imaginan que esto es posible en tan solo un plazo de tres meses.

En términos precisos, eficacia significa que lo que des, sirva; por ejemplo, si un colaborador ha recibido una capacitación eficaz en el tema de negociación, al término de la misma podrá negociar de manera efectiva. Si le das un curso de Excel a un coordinador de Finanzas, la eficacia significa que, cuando llegue a su lugar de trabajo, pueda implementar y aplicar todo lo que aprendió.

Por otra parte, la eficiencia significa conseguir los resultados, pero con el menos dinero posible. Por ejemplo, una empresa puede lograr la eficacia en el resultado con $100 000, pero tal vez pueda lograrlo con $50 000 si es eficiente. Todo reside en el diseño táctico de la capacitación y en una buena asesoría por parte del despacho externo.

Recuerdo que en una ocasión un cliente me expresó: "Contratar tus servicios está fuera de mi presupuesto", a lo cual respondí: "Nosotros les ayudaremos en su eficacia y su eficiencia; vamos a suponer que les cobro la asesoría de la creación de la planeación estratégica y táctica de la capacitación, o sea, el diseño del puente. Ustedes no tienen presupuestado el diseño en su plan de capacitación, sino que solo han presupuestado la logística y la operación. El plan que les proponemos es eficaz y eficiente. ¿Cómo lo voy a hacer?, tal vez ibas a gastar $2 000 000 en toda tu implementación. Págame 10% de ello, e incluso te ayudo a que tu plan te cueste $1 500 000, en lugar de que te cueste $1 800 000, por lo cual te ahorrarás 20% de lo que tenías presupuestado, y logramos así un plan efectivo de la capacitación".

Cabe aclarar que cuando no se procura ser eficaz y eficiente en la capacitación, el dinero suele usarse de manera improductiva, destinándose casi completamente a sufragar los gastos de operatividad y logística.

Control administrativo

El control administrativo es un aspecto esencial en el éxito de la implementación de un programa estratégico de capacitación, puesto que se encarga de factores que pueden tener un gran impacto, aunque en un principio no sean tan obvios, y su intención es que se utilice correctamente lo que se diseñó.

El primer elemento de un adecuado control administrativo es controlar las asistencias; ya sea capacitación presencial o remota, uno debe cerciorarse de que el personal realmente asista; habitualmente sucede que, de las treinta personas consideradas para el curso, falten cinco por diversos motivos, lo cual genera varios problemas a la empresa: por principio de cuentas, ya se invirtió en esa persona, aunque no haya asistido, y las horas destinadas a ella ya se han perdido. Pero hay otro problema que se deriva de la falta de asistencia, y se refiere a la continuidad o progresión en la asimilación del contenido del curso, pues las personas faltistas pueden argumentar que no entienden los conocimientos posteriores, ya que tienen "lagunas" en la información y requieren explicaciones adicionales que retrasan el avance del programa. Incluso, en ocasiones, se requiere crear un curso por separado para las personas que no asistieron o se les asigne una tarea o lectura extra, con la eventualidad de dedicarles tiempo y recursos a esas personas que no asistieron.

El segundo factor del control administrativo es la parte de las evaluaciones, tanto de los participantes como de los facilitadores. Lo habitual es que al final del curso los participantes respondan una encuesta de satisfacción. Cabe mencionar que esto requiere un control preciso, ya que, en ocasiones, no solo se reciben encuestas de un grupo, sino de varios grupos que pueden encontrarse en otras localidades, y no únicamente el mismo día, sino en distintas fechas y con diferentes horarios, sin mencionar los diferentes temas que se están impartiendo. La generación de múltiples encuestas ocurre frecuentemente en los planes grandes de capacitación, por lo cual, para no generar un caos o desorden, se deberán asignar recursos tanto humanos como financieros para controlar administrativamente ese proceso.

Otro factor del control administrativo se refiere a los gastos de la operatividad y logística, el cual también representa una labor titánica, por eso las empresas que nos dedicamos profesionalmente a la capacitación ofrecemos valor agregado al encargarnos de estas cuestiones, y para esto citaré un ejemplo del grado y nivel de control que se requiere en este aspecto.

Uno de nuestros clientes destinó una gran cantidad de dinero al aspecto operativo de la implementación de su programa de capacitación. Aparte de la impartición de los cursos propiamente dichos, tuvo que trasladar a su personal a los lugares en los cuales se les concentró, lo cual requirió de más de sesenta boletos de avión, más sesenta noches de hotel, más los taxis que se requirieron, más todas las comidas, por lo cual, la suma de cada uno de estos gastos superó las 300 transacciones. A su vez, la empresa necesitaba las facturas correspondientes para su seguimiento administrativo, justificando quién se lo gastó y en qué. Este es un problema enorme para las empresas porque fiscalmente deben cumplir con requisitos específicos.

La complicación surge debido a que este control de la capacitación no lo gestiona el área de Compras, la cual está acostumbrada a esas disposiciones, sino las áreas de Recursos Humanos o de Capacitación, que no están familiarizadas con dichas cuestiones, por lo cual no tienen la menor idea de cómo gestionar 300 transacciones económicas y financieras, lo que puede crear enormes desaguisados o contratiempos. Por ejemplo, vamos a suponer que yo, como empresa, le compro el boleto de avión a Juan para que vaya a dar un curso, le reservo su hotel, pero además, le deposito $3 000 para sus gastos; entonces, solamente en ese viaje de Juan, me gasté $10 000. Pero ocurre que, por algún motivo, el curso se canceló. Entonces alguien debe dedicarse a cancelar la noche de hotel, hacer una reconfiguración del horario de los aviones y también pedirle a Juan que devuelva los $3 000 asignados. De manera que, para las empresas, un inadecuado control administrativo de sus gastos puede desmoronar tanto la eficacia como la eficiencia del programa estratégico de capacitación.

Asimismo, otra parte del control administrativo está relacionado con el pago a proveedores; desde el punto de vista de la capacitación, normalmente la empresa contrata facilitadores o empresas externas que le ayudan; sin embargo, si la empresa de capacitación no ofrece el plus del control administrativo, se deberá atender ese aspecto desde la empresa misma. Supongamos que la organización contrata diez facilitadores externos y, naturalmente, cobrarán una cantidad diferente de dinero, ya sea por hora, día o mes, por lo que cada uno entregará un comprobante de ingresos fiscal diferente, y cada uno de estos tendrá, quizás, eventualidades a resolver, tanto operativas como administrativas, por ejemplo, que las facturas estén mal requisitadas, o bien porque le depositaron los honorarios en una cuenta bancaria errónea.

Reiteramos que una empresa profesional de capacitación debe considerar ampliamente estos factores y ser una aliada de la empresa a la cual está capacitando, enfocándose en todo aquello que genere valor para la misma. Reitero: si no se realiza adecuadamente el control administrativo, toda la operatividad de logística afectará la eficacia y la eficiencia lo cual, a su vez, dañará la planeación táctica, lo que en retrospectiva afectará todo el diseño estratégico.

Herramientas de seguimiento

Las herramientas de seguimiento son imprescindibles para una adecuada implementación de un programa estratégico de capacitación; de hecho, es el factor que hace la diferencia entre una capacitación que permeará en el corto, mediano y largo plazo y otra que simplemente "se impartió y punto".

Podemos decir que, tradicionalmente, las empresas de capacitación generan cursos con determinados contenidos, duración y número de asistentes, los cuales, una vez impartidos, quedan como eventos que les brindaron conocimientos, habilidades o actitudes, ya que una vez que los cursos finalizan y los instructores se retiran, las personas suelen regresar a su rutina cotidiana. Quizás al día siguiente comenten uno o dos puntos que se abordaron en el curso o taller, pero a la semana siguiente, prácticamente lo dejarán de recordar. Incluso el manual de capacitación quedará relegado en un cajón del escritorio, al igual que el diploma de participación, el cual quizás se enmarque o se guarde en una carpeta si tiene valor curricular. Esto obviamente tiene varias implicaciones: por principio de cuentas, desde el punto de vista de la empresa u organización que contrató dicho servicio, el dinero invertido no rendirá los frutos esperados, por lo cual la inversión será infructuosa o no redituable. Y para los empleados tampoco será algo significativo, desde el punto de vista del aprendizaje permanente, pues la información o el conocimiento aprendidos dejarán de tener impacto e importancia para ellos con el transcurso del tiempo.

La intención de la capacitación es que genere cambios y resultados en el personal, en su trabajo en el día con día, y esto solo se consigue con el seguimiento efectivo en tiempo y forma, por lo cual será importante abordarlo desde el diseño mismo.

El seguimiento es un proceso a través del cual se mantiene el contacto, ya sea de manera presencial o a distancia, con todas aquellas personas que participaron en un determinado entrenamiento o capacitación, de manera que la comunicación entre el instructor y los participantes se mantenga, permitiéndole al primero verificar que los conocimientos, habilidades y actitudes se estén implementando, así como resolver dudas; para el segundo, convertirse en un mecanismo confiable para que la implementación se realice. Resumiendo, la intención de la capacitación es:

1. Reforzar lo aprendido.
2. Verificar que no existan dudas. Si quedaron algunos puntos pendientes, podemos agregar algunos ejercicios, lecturas adicionales y casos prácticos.
3. Asegurar que la persona aplique lo aprendido en la vida diaria.

El seguimiento puede brindarse de manera presencial o a través de otros medios, ya sea de forma electrónica o por teléfono, y debe ser sistemática y con una calendarización para reforzar lo aprendido a través del tiempo. Normalmente, lo más efectivo es dar un seguimiento remoto, pues esto permite subsanar la dificultad operativa, financiera y transaccional de reunir nuevamente a los integrantes en un solo lugar.

El proceso del seguimiento efectivo puede estar a cargo ya sea de una persona de la empresa externa que le está proporcionando el servicio, o bien una persona del área de capacitación de la empresa contratante.

Cabe mencionar que, en la práctica, no más de 15 a 20% de los programas de formación tiene un seguimiento adecuado y, este puede ser un aspecto preocupante porque el porcentaje de éxito en la implementación y la tasa de retorno de la inversión de un programa se incrementa de 70 a 80%, e incluso más, si existe un seguimiento adecuado, ya sea a través de uno o más de los seis métodos que mencionaremos a continuación:

1. El primer método de seguimiento y a la par, el más simple, es a través de correos electrónicos que incluso pueden ser enviados por un robot, en los cuales se envían contenidos, información adicional o soluciones a las preguntas más frecuentes. Asimismo, pueden incluirse complementos adicionales tales como encuestas o cuestionarios prediseñados para que las personas los respondan. La ventaja de este método es su accesibilidad y su gran alcance, aunque su clara desventaja es que las personas tienden a ignorar los correos electrónicos y eso genera que la proporción de respuesta y de involucramiento sea de un escaso porcentaje; si bien este método contribuye a la retención de la información, no ocurre completamente así con la implementación.
2. Una segunda herramienta de seguimiento, la cual se ha gestado gracias a las nuevas tecnologías, son las redes sociales, las cuales se pueden aplicar de acuerdo al grupo, el tema y la empresa. En este caso se configuran grupos empleando blogs, Facebook, WhatsApp o Linkedin, con la intención de que las personas que integran el grupo interactúen; asimismo, recibirán notas, recordatorios o infografías.
3. Un tercer método de seguimiento puede ser el aula virtual. En esta se generan tanto las invitaciones como las confirmaciones, de la misma manera en que se convocó la sesión presencial, pero con una duración proporcional de entre una y dos horas. Las personas ingresan al aula virtual e interactúan con un facilitador, quien puede ser el mismo que dio la sesión presencial o algún otro especialista, procu-

rando el reforzamiento, la complementación y la implementación de lo aprendido. Las sesiones en dicha aula virtual pueden ser determinadas por el grado de complejidad de la información, su promedio es de cuatro o cinco, con el beneficio de que entre 70% y 80% de la información será retenida por los participantes e implementada en el día a día. Obviamente, dada la naturaleza humana, este sistema puede presentar algunas desventajas, pues, al ser un medio remoto, genera un ambiente algo distante y no personalizado.

4. Una cuarta forma de seguimiento puede ser a través del *coaching* personalizado, lo cual significa que un asesor o *coach* específico se dé a la tarea de contactar a las personas para agendar sesiones de manera individual, ya sea de manera presencial o remota. Las ventajas de este sistema son que, al ser una persona la que está hablando, genera un *accountability*, el cual, en muchas ocasiones, incrementa el porcentaje de respuesta por parte de las personas que tomaron el curso. En oposición, este método tiene la desventaja de resultar un poco desgastante para el coach, al tener que brindarle atención a cuarenta o más personas, convirtiéndolo también en algo costoso.

5. La quinta manera de seguimiento es a través de equipos de trabajo, los cuales pueden crearse desde la impartición misma, y designar un líder por equipo; de esta manera, si el grupo de asistentes a un curso fue de 25, se generarían cinco equipos de cinco personas cada uno; por lo tanto, se contaría con cinco líderes. A continuación, el coach puede dar seguimiento a cada

líder de manera individual, ya sea personal o utilizando el aula virtual, asegurándose de que dichos líderes den seguimiento a sus respectivos equipos de trabajo. Esto funciona muy bien en empresas muy organizadas, donde a estos líderes se les da el *empowerment* necesario para poder influir en el resto de sus compañeros. La ventaja es que el coach trata directamente con personas con liderazgo, y logra efectividad y constancia. Por otra parte, las desventajas de este método pueden presentarse si el líder de cada grupo no es *accountable* o carece del *empowerment* necesario, lo cual genera que las personas a su cargo lo ignoren, dificultando un correcto seguimiento.

6. El sexto método y, por mucho, el más efectivo, es a través de la generación de proyectos de implementación, el cual tiene un alto porcentaje de aceptación (80-85%), aunque también requiere una inversión más alta de tiempo y recursos. En este método se procede de la siguiente manera: durante el curso o la etapa de capacitación, el facilitador, además de generar equipos y designar líderes, añade el proyecto de implementación en la misma oportunidad, establece qué problema debe resolverse en un área determinada con la aplicación de las herramientas que se proporcionan en el entrenamiento. Finalmente, una vez que inicia el proyecto, el coach da seguimiento a los líderes a través del tiempo, pero única y exclusivamente enfocados ya en la resolución del proyecto en particular. Cabe aclarar que dicho proyecto debe tener flexibilidad, viabilidad y factibilidad de implementación, por lo cual, previamente, el área de lide-

razgo de la empresa en cuestión debe evaluar que los proyectos sean factibles, viables y además que estén en sintonía con sus lineamientos estratégicos o tácticos; una vez que inicia, la gente está ya enfocada y sabe perfectamente hacia a dónde ir, de manera que cada uno de esos proyectos generan un impacto directo. Aquí se consiguen dos resultados: por un lado, que la capacitación haya sido efectiva, es decir, que la retención y la implementación se logren, pero adicionalmente, se obtiene una alta Tasa Interna de Retorno, la cual es detectable y medible a través de indicadores, por lo tanto, se puede saber cuánto dinero se le ahorró a la empresa, o bien cuánto se incrementaron los beneficios de la misma.

Financieramente, podemos decir que un buen seguimiento se puede realizar hasta con 30% de lo invertido; si la empresa invirtió $100 000, entonces con $30 000 puede darse un seguimiento adecuado, lo cual nos permite apreciar que 30% adicional de la inversión incrementa 80% la probabilidad de éxito de la capacitación.

El seguimiento también depende de la complejidad o no del tema; por ejemplo, si a la empresa se ha proporcionado una capacitación técnica, al día siguiente puede verificarse que los asistentes estén empleando el *software* previsto o aplicando las habilidades que se les enseñaron.

Respecto de la capacitación de temas de negocio en las cuales se enseñan, por ejemplo, procesos o procedimientos de gestión o de calidad, se requiere un seguimiento más consistente, y es justamente aquí donde debe prestarse más atención, pues se debe prever los ajustes necesarios si se modifica o sustituye información de algún proceso o procedimiento, evitando que las personas continúen empleando información obsoleta.

Finalmente, con respecto a la capacitación de habilidades *soft*, tales como desarrollo humano o comunicación, se requiere un seguimiento aún más atento y prolongado, puesto que al ser habilidades de tipo emocional, de actitudes o subjetivas, son algo más complejas de medir; sin embargo, a través de un adecuado plan que combine varias de las seis estrategias de seguimiento puede lograrse una implementación sumamente satisfactoria.

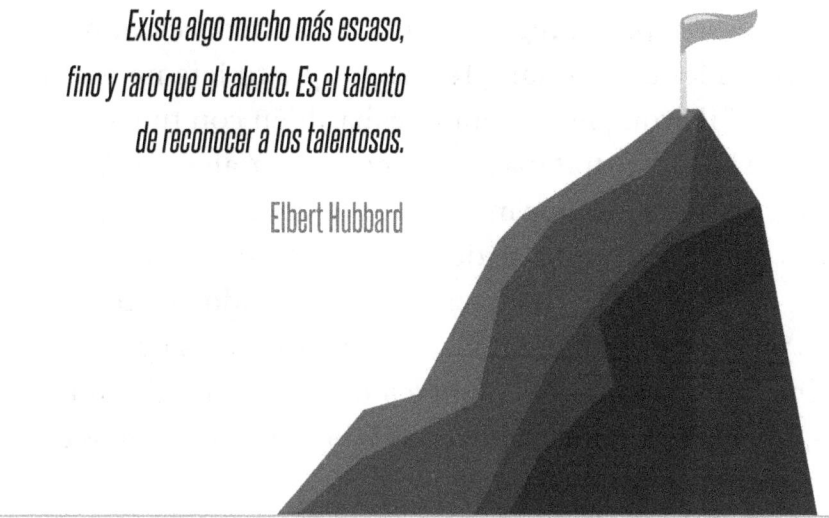

Existe algo mucho más escaso, fino y raro que el talento. Es el talento de reconocer a los talentosos.

Elbert Hubbard

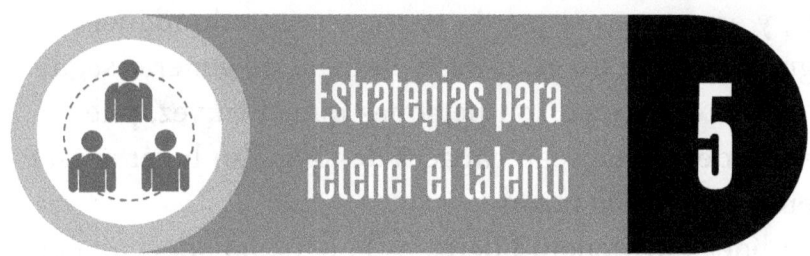

Estrategias para retener el talento — 5

Liderazgo de la Dirección

Cuando a los empleados se les aplica una encuesta preguntándoles por qué han dejado de pertenecer a una organización o renunciado a sus puestos, generalmente cada uno da sus razones: algunos señalan, por ejemplo, que el lugar de trabajo les quedaba muy lejos; otros, que el salario no era suficiente, o bien que no percibían avance en su carrera profesional. A la par, se les suele preguntar cómo era su relación con su jefe directo; la pregunta varía en su redacción, pero en general se les cuestiona: "¿Te vas porque tu jefe no era el adecuado?" "¿Porque no te comunicabas bien con tu jefe?" o "¿Porque tu jefe no te trataba bien?", etcétera. Y algo que habitualmente se conoce es que más 35% de todas las salidas de las personas de sus empresas se debe a que, de alguna manera, fue "por culpa del jefe"; es decir, si el empleado aduce diez razones por las cuales abandona, la más común es debida al jefe. ¿Qué representa esto? Significa que si tú arreglas a los líderes, automáticamente soluciones 35% de los problemas de retención de tu empresa.

Una definición de liderazgo que a mí personalmente me convence es la siguiente: "Un líder es una persona que genera líderes", y esto, aunque pueda parecer una redundancia, lo que significa es que un gran líder, en lugar de generar seguidores, lo que construye son personas que, a su vez, puedan crear más líderes que sean capaces de tomar su lugar si este se ausenta por alguna razón.

Un líder que genera líderes es la persona adecuada en cualquier empresa. Sin embargo, para que eso ocurra se necesitan, de acuerdo con Simon Sinek, tres características principales. La primera se denomina *selflessness*, y tiene dos palabras principales: *self* y *less*, las que, aplicadas al líder, se refieren a alguien que se preocupa menos por sí mismo y más por su equipo; o sea, no es egoísta, pues está consciente de que cuando las personas perciben un egocentrismo en el liderazgo, automáticamente se crea una barrera entre él y su equipo, por lo cual procura crear un ambiente en el que se sacrifica por su gente, de tal forma que esta se sacrifique por él en su momento. Ser un líder *selfless* es un modelo o estilo de vida más que una obligación de cumplir un determinado rol de liderazgo.

La segunda característica es que el líder debe ser una persona empática y hacer el bien para su equipo. La empatía es una participación afectiva de una persona en una realidad ajena a la suya, gracias a la cual el líder comprende a los demás y los valora; esto genera agradecimiento por parte de ellos, lo cual redunda en relaciones armoniosas.

La tercera característica se refiere a que las personas líderes deben ser amables y respetuosas cuando están bajo presión. Habitualmente sucede que, cuando estamos en una situación compleja o de crisis, automáticamente se genera una tensión o presión muy fuerte, por lo cual el líder se torna poco amable e incluso grosero, de manera que un buen líder requiere manejo de su propio estrés para hacerse cargo de situaciones difíciles, encontrando y fomentando caminos de solución.

Estas tres características favorecen que el líder no solo se dedique a crear seguidores, sino a generar fuertes convicciones en su personal de querer ser líderes ellos mismos.

Tipos de liderazgo

En la actualidad se han escrito obras muy extensas acerca del liderazgo, las cuales van desde descripciones muy detalladas, hasta relatos novelizados en los cuales se ilustra cómo actuó cierto líder en determinada situación histórica o reciente. Quisiera acotar que, si bien esta obra no está exclusivamente enfocada al liderazgo, sí considera que este factor es parte esencial de la creación, la retención y el desarrollo del talento, por lo cual a continuación lo abordaremos, ya que es de vital importancia no solo para el dueño de una empresa o para el director de un área, sino para todas aquellas personas que requieran la formación de liderazgo de su equipo, ya que, como se mencionó al inicio de este capítulo, la gente suele abandonar una empresa si detecta un liderazgo ineficaz, por lo cual es esencial que los mandos medios y superiores que ejerzan liderazgo se capaciten adecuadamente.

Veamos a continuación los distintos tipos de liderazgo.

Líder delegador

El líder delegador es el que normalmente está al tanto de lo que su gente sabe hacer, pues conoce sus fortalezas y sus debilidades, de manera que los deja trabajar solos; dicho de otra forma: es el líder que les indica hacia dónde van, cuál es el objetivo y cuáles son los límites de acción. A continuación, los deja realizar sus actividades con fechas determinadas o con compromisos establecidos. A la par, no funge como un capataz sobre la gente, pero da seguimiento a los compromisos que efectuaron. Este líder es muy difícil de conseguir o muy complicado de llegar a ser, porque normalmente las personas que dirigen expresan la creencia de que "Nadie puede hacerlo mejor que yo". Asimismo, otro motivo por el cual no se delega es porque a veces nos tardamos más en enseñar que en hacerlo. Por ejemplo, si voy a elaborar un reporte de finanzas en una hoja de Excel, en ocasiones me cuesta más trabajo enseñarle a la persona cómo hacer ese reporte, que hacerlo yo mismo de manera rápida y sin complicaciones. Sin embargo, el equipo de trabajo y la gente responden de una manera correcta y concreta cuando una persona les delega eficazmente, pues la señal que reciben es de confianza en su competencia. Reitero que un buen líder delegador sabe detectar los talentos y habilidades de su equipo para determinar qué puede pedir a cada uno, y establece claramente el objetivo del trabajo, las reglas del juego y los plazos, determinando fechas de revisión o entrega. Asimismo, define claramente a su equipo los beneficios si cumplen, o bien las consecuencias de incumplir; por ejemplo: "Cumplir es importante debido a que si no lo haces, podemos perder dinero" o "Podemos tener este problema con un cliente".

Llegados a este punto, es muy importante mencionar que en el liderazgo la comunicación es trascendental. Un buen líder delegador es alguien que le dedica tiempo al proceso de comisionar y confiar en su gente, lo cual consiste en explicar el problema y pedirle a la persona que responda si lo entendió, pero no que exprese un insulso "Sí", sino que responda repitiendo el problema o situación en particular; a continuación el líder sugiere una manera de hacerlo, pero no necesariamente la impone, entonces la persona puede o no tomar la sugerencia de su líder, y este debe estar dispuesto a mantenerse abierto a esa forma de resolver la situación o realizar la tarea si dicha persona lo hace de una manera diferente.

Las ventajas adicionales de poder delegar bien es que originarás un proceso de enseñanza y, a través del tiempo, crearás personas que puedan hacer su trabajo de la mejor manera y te absorban menos tiempo. En contraste, las desventajas son que, en un principio, es factible que el equipo pueda cometer más errores de lo habitual porque les estás dejando abierta la puerta; sin embargo, si tienes un equipo que estás motivando, capacitando y formando, comprenderás que dicho factor es parte del proceso. Por supuesto que hay errores aceptables y errores inaceptables. Uno aceptable es cuando alguien, con base en la información que dispone, la experiencia que tiene y la información que tú le proporcionaste, toma una decisión o hace un trabajo y, aunque lo haya hecho mal, puede demostrarte que su proceso mental de decisión y la cantidad de tiempo y esfuerzo que le dedicó al objetivo que le encomendaste fue el adecuado, aun si se equivocó o algo salió mal, pues, repito, es un error de aprendizaje. En oposición, los errores inaceptables se generan debido a la falta de cuidado de la persona o a su desinterés por la tarea; por ejemplo, alguien a quien le solicitas que revise un documento y, por apatía, no detecta faltas de ortografía. Ese es un error inaceptable porque es simplemente un desinterés y una falta de atención, que es muy diferente a cuando hay un error en desconocimiento por experiencia.

Líder autocrático

Un líder autocrático es alguien que concentra el poder en él mismo y toma todas las decisiones, por lo cual es difícil que acepte otras alternativas o *feedback* por parte de sus subordinados. Este tipo de liderazgo es muy parecido al utilizado por el ejército, donde los niveles jerárquicos inferiores deben acatar las instrucciones de sus superiores sin cuestionarlas.

La realidad es que, cuando el jefe manda en las empresas y los empleados simplemente obedecen órdenes, se genera desconfianza por su parte, pues el mensaje que reciben es que no se confía en ellos y deben limitarse a obedecer. Ahora bien, hay ocasiones en las que se debe actuar así, sobre todo cuando tu equipo todavía no está formado de la manera en que quieres o la persona en particular no conoce nada del tema y no cuentas con el tiempo para explicarle a detalle todos los pormenores.

Los líderes autocráticos son muy comunes en las empresas familiares o en las empresas pequeñas, en donde esta va creciendo, pero el líder no tiene todavía un buen nivel de mandos medios y entonces tiene que fungir como guía a todos los niveles, y eso suele consumirle bastante tiempo como para explorar un liderazgo diferente.

Sin embargo, un líder autocrático bien enfocado puede ser un elemento muy destacado, sobre todo si se convierte en arma de seguridad y confianza. Por ejemplo, un general que dice: "¡Venceremos!", emite un mensaje claro y contundente, con lo que brinda seguridad, aunque, en una empresa, debe ser consciente de que, tal vez por expresarlo así, no necesariamente obtendrá el triunfo.

Líder participativo

El líder participativo es alguien que sabe promover el diálogo y fomenta que las decisiones se tomen entre el grupo, de manera que recaba opiniones, percepciones e incluso votos para decidir al final.

Un punto que puede resultar contraproducente de este tipo de liderazgo es cuando las decisiones se tienen que tomar rápido y un líder participativo se demora, pues tarda algo de tiempo en incluir a todos; además, hay decisiones en las cuales no pueden participar todos, pues no tienen la información completa, la experiencia o la visión del contexto global. Esto puede ocurrir en empresas o en cooperativas donde no hay un director general, sino que los dirigentes son los mismos empleados; entonces, para tomar una decisión, por ejemplo, acerca de cuánto deben ganar, se forma un comité de ingresos o sueldos, pero debido a que no hay una persona que tome la última palabra, el proceso de decisión puede ser muy tardado, y llega a tomar meses o años. Por ejemplo, el caso de un líder de este tipo en una empresa pequeña que quiera hacer que los empleados participen y decidan lo que van a ganar, también puede volverse muy complejo porque su equipo no tiene el contexto, ni los conocimientos financieros para tomar una decisión de este tipo. Resumiendo, si bien este estilo fomenta conocer los puntos de vista de los demás, también debe usarse con mesura, ya que una simple decisión podría demorarse tanto que se volvería impráctico, incluso creando inseguridad, incertidumbre y demora en la toma de decisiones o resolución de problemas.

Liderazgo transaccional

El liderazgo transaccional es un estilo al cual podríamos denominar como frío, pues se basa en procesos de intercambio; es decir, normalmente no tiene un contacto emocional o personal con la gente, sino que propone un intercambio económico o de beneficios a cambio de ciertos trabajos y simplemente se asegura de que dichos objetivos se hagan de la manera correcta. Los empleados o seguidores son premiados en su desempeño, que es medido por indicadores muy precisos para que no exista subjetividad.

El liderazgo transaccional funciona en empresas grandes o en donde tienes un grupo de vendedores al que no puedes tener acceso directo para convivir o comunicarte, o son demasiados como para que puedas tener un grupo compacto. Por ejemplo, conozco una empresa de mercadeo por catálogo que tiene aproximadamente 300 000 vendedores, por lo cual no hay manera de que el líder pueda tener un contacto real con esas personas. Entonces, ¿qué es lo que sucede?, pues se establecen reglas de intercambio económico: "Tú vende 15 productos del catálogo y te llevas tanto porcentaje de comisión", y punto. No hay un intercambio emocional ni nada que tenga que ver con delegar, simplemente se asigna una tarea con un indicador y si este se cumple, se paga; si no se cumple, no se paga.

Obviamente, la desventaja de este liderazgo es que, al no existir ese acercamiento personal, la visión y la filosofía organizacional son muy difíciles de transmitir; asimismo, las personas simplemente están ahí por lo que les pagan, y en el momento en que perciben que en otro lugar pueden recibir una transacción más beneficiosa, no dudarán en irse, pues simplemente están midiendo económicamente la transacción.

Liderazgo transformacional

En el liderazgo transformacional la idea es que los líderes estén en constante trabajo, ayudando a que sus seguidores se transformen en mejores personas. El líder los evalúa, los sigue, los *coachea*, les da *feedback* y procura que esta transformación de la relación y de la persona se dé en tiempo y de una manera correcta.

Este liderazgo puede darse en todos los niveles y enseñarse desde el director general o dueño, hasta el último nivel, siempre y cuando todos entiendan que la transformación debe estar alineada con la filosofía organizacional, sus valores, sus visiones y sus misiones, porque si no, la transformación puede encaminarse hacia un lugar no planeado.

Vale la pena mencionar que este estilo de liderazgo es difícil de implementar porque requiere mucho tiempo y formación para los propios líderes; sin embargo, es uno de los más efectivos puesto que en el largo plazo genera, además de la transformación específica de la persona, lealtad y alianza con los líderes de una manera increíble.

Con este tipo de liderazgo, normalmente la persona no abandona la empresa porque sabe que está convirtiéndose en alguien mejor, ya que el desarrollo personal va de la mano del profesional, lo cual le genera grandes satisfacciones, lo que se refleja también en una alta retención.

Para las PYMES este estilo de liderazgo es complicado porque, al requerir tiempo y esfuerzo, no es muy frecuente que se implemente. Particularmente estoy muy convencido de este tipo de liderazgo, ya que los resultados son incomparables, pues genera mucho más valor en la retención del talento. Algunas empresas que aplican este estilo de liderazgo son, por ejemplo, The Home Depot y Office Depot, donde la gente está muy contenta con su trabajo, realizan una carrera laboral dentro de la organización y van transformándose en mejores personas en el corto, mediano y largo plazo.

Liderazgo de servicio

El liderazgo de servicio es una tendencia global muy fuerte. De manera clara, la función del líder es servir a su equipo o, expresado de otra manera, en lugar de que yo me sirva de mi equipo para crecer, yo le sirvo a mi equipo para que haga su trabajo y crezca. Una pregunta que un líder de servicio constantemente hace a su equipo es: "¿En qué te puedo ayudar?" "¿Qué necesitas de mí?" "¿Qué se te dificulta?" "¿Qué recursos necesitas que yo pueda conseguirte?". En este sentido, el líder de servicio es alguien que se dedica a quitar las barreras que quizá detengan el éxito y desarrollo del empleado o del miembro del equipo, funge como un líder que apoya sin ser servil (algo que en ciertos contextos puede malinterpretarse), y va más allá. Por ejemplo, si a mi cargo se encuentra una empresa en donde tengo tiendas para el consumidor, y quiero que mis empleados tengan una actitud o una filosofía de servicio ante mis clientes, la mejor manera de formarlos sería con este estilo, porque si tú les enseñas el liderazgo de servicio con el ejemplo, harán lo mismo con tus clientes, de tal manera que este se gestará naturalmente y no como una imposición por parte de la Dirección.

Reitero que este estilo de liderazgo debe partir desde los altos mandos, pues en alguna ocasión tuve la experiencia de crear algunos programas de capacitación para una empresa que deseaba un cambio en su forma de operar, pero la dificultad residía en los altos mandos, quienes ejercían un liderazgo de estilo autocrático, establecían de manera estricta los lineamientos a seguir y dejaban muy claras las consecuencias si las cosas no se hacían correctamente. Si bien la Dirección solicitaba un programa de excelencia en el servicio y atención al cliente, inmediatamente notamos que la actitud de los empleados era replicar en los clientes las mismas actitudes que recibían por parte de sus superiores. Dicho de otra manera, recibían amenazas, regaños y malos tratos, lo cual creaba un ambiente laboral bastante tenso y con un alto índice de rotación, que permeaba definitivamente en la ínfima calidad de servicio al cliente. En este sentido, explicamos claramente a la Dirección que la primera etapa no era capacitar a los empleados que estaban ante el cliente, sino que ellos mismos debían modificar su estilo de liderazgo si querían transformar su empresa.

¿Cuál es el estilo de liderazgo que necesito en mi empresa?

Una vez que se han abordado las principales características de los diferentes tipos de liderazgo, podría surgir la pregunta: ¿Cuál es el tipo de liderazgo más conveniente en mi organización? Para responder esta interrogante, el líder de la empresa, ya sea chica, mediana o grande, debe tener la visión e inteligencia para escoger el estilo de liderazgo que debe implementar en un momento determinado. Si una de las principales convicciones para este líder es retener su talento (como lo hemos subrayado), definitivamente debe ser consciente del liderazgo adecuado dadas las características de la empresa en un momento dado o en condiciones determinadas. En términos concretos, cada empresa tiene su propio tamaño, su mercado, su particular estilo, su propio perfil y su propia edad (primera o segunda generación); todas estas variables deben tenerse en cuenta para determinar el estilo correcto, pues tan erróneo sería aplicar un estilo participativo en una empresa que debe resolver muchos conflictos, como uno autocrático en una empresa cuyos empleados demuestran un excelente espíritu de servicio y lealtad.

Debemos aclarar que no hay un estilo de liderazgo que sirva a todas las empresas; sin embargo, sí debes tener como objetivo estratégico migrar de estilos de liderazgo conforme te acercas a la madurez de tu equipo. Si tú, en un principio, tienes una PYME que no puede implementar un estilo de liderazgo transformacional porque no cuentas con los recursos, no tienes el equipo adecuado o los procesos establecidos, no te preocupes: llegado su momento podrás hacerlo. Es muy probable que debas empezar con un liderazgo autocrático, pero siempre con la visión de que deberá transformarse y evolucionar hasta que lo lleves al estilo de liderazgo que quieres tener para que tu gente desee permanecer. Normalmente las personas que se quedan se sentirán inspiradas, valoradas y remuneradas porque sentirán sus necesidades cubiertas. Y todo debe planificarse y tenerse en consideración para ese momento empresarial.

La Dirección de la empresa debe determinar cuál es la cultura organizacional o la filosofía que se precise tener y, con base en la misma, contratar al líder específico que requiera, aunque también depende la fase por la que esté pasando una empresa, pues hay veces que transita por una preocupante crisis financiera, y debe despedir a 20% de la plantilla, recortar gastos y cerrar oficinas, por lo cual se contratarían líderes ejecutores, y luego de algunos años, cuando haya resuelto dicha contingencia, se reemplazarían con otro tipo de líderes para que desarrolle otro tipo de gestión de acuerdo con la filosofía que desee.

Por regla general, el estilo de liderazgo que se requiere en mi empresa puede ser una combinación de los que hemos mencionado, o bien un flujo o transición de los mismos, pero, a la larga, será el estilo donde la gente sepa hacia dónde se dirige, confíe en el líder y en sus habilidades, pero, además, que sepa que existe empatía y que el líder hace lo necesario para que ellos estén mejor en el mediano y largo plazo. Si se logra trasmitir ese mensaje a través de los estilos de liderazgo, es muy probable que el talento quiera permanecer en dicha firma, empresa u organización a través de los años.

Congruencia

Independientemente del equipo que tengas o el estilo de liderazgo que escojas, la congruencia es esencial, puesto que tu gente no hará tanto caso a tus palabras como a tus acciones, lo cual fomentará un clima de confianza, camaradería, buena disposición y compromiso, pues en todo momento las personas perciben que se está "hombro con hombro" con ellas.

El hecho de ignorar este rasgo vital de la congruencia puede derribar años de trabajo y de lealtad de un equipo en muy poco tiempo, y para esto citaré el ejemplo de un empresario amigo mío, quien dirige una empresa mediana, dedicada a proyectos de instalación, ingeniería y construcción para fábricas más grandes, con una plantilla de sesenta empleados aproximadamente.

Dicho empresario contaba con un gran equipo técnico, hábiles instaladores y muy buenas máquinas importadas del extranjero, por lo cual su crecimiento era significativo; sin embargo, debido a cuestiones de mal manejo administrativo y factores adversos derivados de sus clientes, su empresa presentó una severa crisis, y requería forzosamente disminuir los costos, pero sin dejar de realizar inversiones fuertes en la productividad para seguir creciendo; evidentemente el mensaje que estaba enviando a su gente era de austeridad: "Colaboradores, en este momento estamos pasando por una situación complicada, no puedo subir sueldos, no puedo dar bonos, y vamos a hacer más con menos: en lugar de hospedarte en un hotel de cuatro estrellas, vas a quedarte en uno de tres cuando visites a un cliente", y otras directrices o pautas por el estilo.

El equipo estaba firme, motivado e inspirado, y no tenía ningún problema de seguir adelante con esas instrucciones y esa contingencia temporal, que suponían duraría un año aproximadamente. El personal marchaba a paso firme, pues se sentía "en las trincheras" con su líder, sin embargo, cuál sería para ellos su sorpresa cuando, una mañana, dicho empresario llegó a la empresa conduciendo un precioso automóvil último modelo de gama alta, que estacionó al frente de las instalaciones y a la vista de todos. Cabe mencionar que, si bien dicha adquisición fue con dinero personal, independiente del capital de la empresa, los colaboradores se sintieron duramente traicionados, pues lo consideraron una afrenta a su confianza, que desmoronó, en instantes, lo que se había construido previamente: "¿Cómo puedes tú, líder, comprarte un automóvil costosísimo, cuando a mí no puedes pagarme un bono de productividad, aunque haya trabajado muchísimo más durante esta contingencia, sacrificando mi bienestar laboral para demostrar lealtad?

Cabe mencionar que a dicho empresario le fue sumamente difícil convencerlos de que dicha adquisición era independiente de los recursos de la empresa y más complicado aún fue hacerles llegar un mensaje de austeridad al conducir ese automóvil lujosísimo.

Dicho error generó que, en un lapso de tiempo particularmente breve, varios colaboradores clave de la empresa renunciaran sin miramientos, absolutamente irritados debido a la falta de confianza y congruencia de su líder, quien hizo muchos esfuerzos por explicar la situación sin conseguirlo. La conclusión de esta anécdota con respecto a la congruencia es la siguiente: no importa el estilo de liderazgo que escojas o que necesite tu empresa en un momento determinado; lo que debes hacer es vivir el liderazgo en tu propia persona, y si demuestras a tu equipo que "te subes al mismo barco" que ellos, y vives a su lado tanto los problemas como los éxitos, es mucho más probable que la gente te siga, que tu equipo te busque, que los colaboradores te obedezcan y sigan creciendo en tu empresa, todo gracias a la congruencia, reitero, independientemente del estilo de liderazgo que apliques.

Plan de crecimiento, desarrollo y carrera

Un aspecto fundamental para poder retener el talento es procurar que las personas deseen permanecer como parte del equipo en el largo plazo, por lo cual es imprescindible mostrarles el mapa, el camino o la ruta para su crecimiento tanto personal como profesional. Por ello, a continuación vamos a abordar tres elementos que ayudarán a tal fin, y se refieren a los planes de crecimiento, desarrollo y carrera.

El plan de desarrollo se refiere al propio progreso personal: mi crecimiento como persona; convertirme en alguien más hábil o diestro para algunas acciones; que lo que estoy aprendiendo me sirva en la vida diaria y me convierta en alguien que tiene más herramientas para triunfar en la vida.

El plan de crecimiento se refiere al avance profesional; es decir, cuando empiezo a adquirir habilidades y conocimientos adicionales para desempeñar otros puestos. A este respecto, quisiera narrar una anécdota personal que ilustrará este punto. Hace años laboraba en el área de ventas de una empresa que fabricaba e instalaba elevadores y escaleras eléctricas. En mi caso, estaba encuadrado en el rubro de modernizaciones, que se dedicaba específicamente a cambiar o reparar elevadores en edificios ya ocupados. En aquel tiempo se liberó la vacante de gerente de Ventas y yo aspiraba a ese puesto, por lo que hablé con el director de Ventas y le dije: "Director, yo quiero ese puesto", a lo cual me respondió: "Ok, déjame evaluarlo", pero finalmente no me lo dieron y contrataron a un externo para esa posición. En ese momento estaba muy molesto y fui a reclamarle al director comercial, porque sentía que podía ser un buen gerente; sin embargo, la respuesta que recibí fue: "Luis, primero compórtate como gerente, aprende todo lo que requiere saber un gerente y entonces hablamos". Comprendí que, como empleado, primero debes comportarte y saber lo concerniente al puesto superior, y no al revés. Sin embargo, la gente está acostumbrada a desear que primero se le promueva a un cargo superior y luego aprender a comportarse como gerente o director, lo cual requiere congruencia y aptitudes comprobadas para que nos otorguen puestos de mayor relevancia.

Respecto de este punto, hay un aspecto que se denomina El Principio de Peter, que tiene que ver con el nivel, no de competencia, sino de incompetencia de un colaborador. Refiere que todas las personas que están creciendo dentro de una organización llegarán a su propio nivel de incompetencia; dicho de otra forma: ascienden a un puesto en el cual ya no se desempeñan adecuadamente, pues son incompetentes para desenvolverse en este, lo cual genera que, en lugar de ser exitosos en la organización, se conviertan en malos líderes, gerentes o directivos. El Principio de Peter es muy interesante, ya que una persona en ascenso, debido a su trabajo y lealtad, llega a un puesto en el cual, en lugar de brillar, se convierte en alguien problemático, frenando su avance.

Recuerdo un ejemplo de El Principio de Peter que se dio en una muy pequeña empresa de mercadotecnia que nació desarrollando páginas web para PYMES. Dicha empresa estaba compuesta por cinco elementos, casi en igualdad de condiciones; se designó a quien la formó como director de Programación, que coordinaba a los otros cuatro miembros. Favorablemente, con perseverancia y tenacidad, luego de 12 años, dicha empresa comenzó a desarrollar grandes proyectos web para bancos y otras industrias de alto renombre. Sin embargo, el crecimiento del director no se dio a la par del crecimiento de su empresa, en cuanto a su habilidad para la interacción o la negociación con los directores de otros corporativos. En otras palabras, esta persona llegó a su propio nivel de incompetencia en cuanto a la capacidad de relación interpersonal con el nivel de clientes con el que ahora trataba, motivo por el cual lo asignaron como subdirector, por lo que se tuvo que contratar a un director externo para hacerse cargo de las negociaciones, afianzar relaciones, comer con los clientes e incluso jugar golf con ellos los fines de semana.

Este es el nivel de incompetencia al que se refiere El Principio de Peter, el cual será determinante para el crecimiento de la persona. Y será gracias a su plan de formación y de crecimiento que elimine o reduzca su nivel de incompetencia para que pueda convertirse en la idónea para el puesto.

En resumen, la persona debe crecer antes de que la asciendas al puesto superior, aunque, en la práctica, no necesariamente ocurre así, ya sea por factores como la falta de tiempo, porque requieres cubrir inmediatamente dicha vacante o porque al individuo le falten quizás seis meses o un año para estar listo; sin embargo, para resolver dicha situación debes hacer planes de capacitación o formación exprés para poner a la persona a tono lo más rápido posible.

Finalmente, el tercer elemento, el plan de carrera, es mucho más tangible, pues en cualquier firma o empresa que se considere a sí misma organizada, de alguna manera puede visualizarse cuál es el camino que existe en el organigrama para que las personas vayan avanzando, no importa si es una empresa grande o pequeña.

Cuando tienes una empresa grande, dicha ruta ya está muy bien trazada, pues la gente ya conoce los niveles dentro del organigrama, los perfiles e incluso lo que tienen que desarrollar para ascender de puesto. Hay empresas multinacionales que, para ciertos puestos, piden experiencia a sus colaboradores en el extranjero, entonces ellos mismos los envían a sus oficinas en otros países para que puedan asimilar dichas experiencias. Por su parte, otras empresas solicitarán al colaborador un determinado nivel de conocimientos, habilidades o actitudes para ascender, por ejemplo, ciertos diplomados o maestrías en algún área en particular.

Por regla general, el colaborador buscará crecer dentro de una organización, y este factor debe quedar muy claro al emprendedor, al dueño del negocio o al director general. Dicho factor es una parte fundamental para el proceso de retención del talento, puesto que un empleado que no divisa o aprecia un posible avance o desarrollo en el corto, mediano o largo plazo, seguramente abandonará. De hecho, podría decirse que aproximadamente 75% de las personas que ingresan a una organización esperan dicha opción; incluso cuando se les pregunta: "¿Qué esperas de la empresa?", la inmensa mayoría responde: "Aprender y crecer", ya que las personas buscan ascender y consolidarse, tanto en lo profesional como en lo económico, lo cual se reflejará indudablemente en mayores responsabilidades, a la par de una mejor remuneración.

Reitero que si bien en las grandes empresas dicho camino ya está definido y claramente trazado, eso no significa que las empresas pequeñas deban eludirlo, pues, al contrario, el proceso requiere más atención, y procederé a explicarlo: cuando tú tienes un organigrama muy grande y vertical, hay muchos puestos antes de llegar al de director.

Por ejemplo, si la empresa tiene 28 diferentes niveles, según el nivel al que ingrese el colaborador, este ya sabe el camino por recorrer. Supongamos que entra en el nivel 14, entonces debe laborar satisfactoriamente y también cumplir con los requisitos del nivel 13 para poder subir y, una vez llegado al 12, ascender al 11. Esto, reitero, está muy claro y definido como parte las políticas y procedimientos de empresas grandes, pero cuando se trata de una empresa pequeña, donde tu organigrama es muy plano y quizás tienes como máximo ocho niveles antes del director general, se requieren más opciones y alternativas de crecimiento para poder retener el talento y que ellos deseen permanecer; es decir, como empresario y como emprendedor necesitas crear o diseñar mecanismos de crecimiento aun cuando tu empresa sea pequeña.

Asimismo, los colaboradores deben saber desde el principio que no todos van a crecer; sin embargo, si tú quieres retener a alguien porque es muy talentoso, porque tiene la actitud indicada o por las razones que tú determines, debes estar convencido en invertir en dicha persona. A la par, serán tanto tu proceso de evaluación de desempeño como de resultados lo que te dictará si una persona tiene o no las tablas para que la "crezcas".

Algo que también vale la pena resaltar es que las personas se sienten más unidas a una empresa que les brinda un salario moral, que a otra que pasa por alto este detalle. Esto es muy importante, ya que un aspecto en el cual debes pensar son los diferentes tipos de remuneración, ya sea que tu empresa sea grande o chica. Esto, reitero, es esencial, porque hay directivos o dueños que reflexionan: "Si estas personas empiezan a crecer, ¿cómo me va a alcanzar el dinero para pagarles a todos?" o "Tengo ciertos puestos, determinado presupuesto y no puedo ofrecer a todos el crecimiento". Para resolver estas interrogantes, en páginas siguientes abordaremos con más detalle el aspecto de la remuneración y sus diferentes tipos.

Cabe aclarar que, desde el proceso mismo de selección y reclutamiento, debes asegurarte de que las personas que contrataste tienen las características de personalidad y conocimientos que las hagan sensibles a los valores de la empresa, la lealtad y la disposición hacia el aprendizaje permanente. A partir de ahí se les formará, entrenará y capacitará para que sigan progresando y, con lazos firmes, decidan permanecer en la empresa, generando la retención de dicho talento en el largo plazo.

La importancia de ver el camino

Hay una frase popular que dice: "Ya puede verse la luz al final del túnel", la cual normalmente aduce a que, bajo un contexto problemático o una situación compleja, puede verse un atisbo de solución a la problemática que se presenta.

Hay estudios psicológicos que refieren que una persona puede soportar factores tales como estrés, presión, dolor y otro tipo de experiencias negativas si percibe que hay un fin en este proceso, a diferencia de otra que no pueda evidenciarlo. En otras palabras, las personas pueden enfocarse en una meta o resultado, soportando esfuerzo y labores arduas, siempre y cuando sepan cuándo van a concluir.

De forma parecida, los planes de carrera, crecimiento y desarrollo deben estar bien establecidos de manera que "se vea la luz al final del túnel", y también deben estar divididos en segmentos comprensibles y palpables. Si esto no se establece y, por ejemplo, a un colaborador se le ofrece un plan de carrera de 15 años, expresado de la siguiente forma: "En 15 años vas a ser director de Finanzas, pero hasta entonces no vas a tener cambio de puesto, aumento de sueldo, evaluaciones, ni interacción, simplemente confía en la empresa", obviamente nadie en su sano juicio va a aceptar dichas condiciones, sin ningún indicador, comentario o señal de que va por el buen camino para, al final, sorprenderse de no sea así.

No hay persona que se quede en una empresa si no percibe que existan posibilidades de crecer; si no siente que los mecanismos están implementados, o si no escucha que hay otros ejemplos de personas dentro de dicha organización que ya lo hicieron. Para poder retener a tu talento, una de las características principales es que los colaboradores vean, perciban, vivan y escuchen que existen posibilidades certeras de crecimiento. Sin embargo, es importante mencionar que no se debe prometer ese crecimiento a candidatos o personas que acaban de ingresar a la empresa, sino que se les debe indicar como una posibilidad solamente, en caso de que ellos demuestren que cumplen con las características y muestren la adecuada disposición. Dicha posibilidad los facultará para que lo entiendan y lo visualicen, y cabe mencionar que vale la pena ponerlo por escrito y colocarlo en algún lugar donde la gente lo pueda leer.

A la par, debe existir retroalimentación para que el colaborador comprenda si las acciones que realiza lo acercan a su meta o lo alejan, y esto debe comunicársele con precisión y claridad. El proceso es muy similar a cuando una persona está bajando de peso. Supongamos que la meta es bajar 25 kilos, y cuenta con el plazo de dos años. Una opción sería establecer la meta de manera semestral, a razón de seis kilos cada seis meses, pero quizás semestralmente pueda parecer aun extenso; tal vez la meta sería reducir 1.5 kilos al mes. Incluso para una persona se segmentaría aún más, a razón de 300 gramos a la semana, lo cual le daría una retroalimentación más precisa, y podría brindarle más motivación, fuerza, energía y deseos de cumplir la meta.

Si trasladamos dicho ejemplo al tema laboral, el colaborador debe saber dónde se encuentra respecto del final, qué pasos debe dar, cómo cambiarán sus obligaciones, prerrogativas y prestaciones, así como los obstáculos o desafíos que podrían presentársele mientras avanza hacia su objetivo. Un ejemplo podría ser: "Tú llegarás a gerente el próximo año, pero, para ello, debes tomar un diplomado, obtener determinada calificación en tu evaluación de desempeño, lograr determinados objetivos de ventas, no debes faltar y, además, no debes tener ningún reporte de incidencias". De esta forma el colaborador tiene la apreciación de que, si cumple con esos cinco o más requisitos, al término de un año existirá la clara posibilidad de que se convierta en gerente. A la par, una vez que logre ese resultado, la empresa le puede comunicar de manera precisa los pasos para conseguir el puesto inmediato superior, convirtiendo una carrera laboral de 15 a 20 años en segmentos manejables y comprensibles para dicho colaborador, reteniendo así su talento.

Incluso, como suele suceder en las PYME, cuando comienza su crecimiento, puede darse el caso de que el nombre del puesto del colaborador no se modifique a lo largo de los años, pero el nivel de crecimiento sí pueda verificarse, ya que tendrá más responsabilidades y personal a su cargo, incrementándose también su sueldo, prerrogativas y prestaciones aun cuando, repito, el nombre del puesto sea el mismo, pero el avance en la carrera sí exista. Este aspecto de crecimiento del puesto conforme va prosperando la empresa debe comunicarse claramente desde el inicio, pues para las empresas pequeñas es complicado retener el talento, ya que los colaboradores suelen movilizarse por la remuneración y buscar mejores opciones económicas en otras empresas.

La importancia de aprender

El común denominador de las personas que trabajan en una empresa es creer que esta es responsable de capacitarlas, por lo que, ante un desafío, suelen enunciar: "Es que la empresa no me dio las herramientas y no me capacitó". La realidad es que las cosas están cambiando, y el nuevo modelo de talento eficaz expresa: "El responsable de mi aprendizaje soy yo" o "No puedo crecer si no aprendo", lo cual no significa que tú, como colaborador, te hagas cargo de tu propio aprendizaje, ni tampoco que la empresa no te apoye en absoluto, sino que seas responsable de darle seguimiento a tu aprendizaje y darte cuenta de lo que hace falta para avanzar.

El colaborador eficaz comprende que, para crecer dentro de una organización, debe aprender habilidades sociales, destrezas personales, estrategias de trabajo, habilidades técnicas o cualquiera otra pericia que requiera para desarrollar su trabajo de manera óptima. Entonces, la empresa y el empleado deben trabajar en conjunto para crear su plan de desarrollo en sintonía con su plan de capacitación. Es extremadamente importante crear el plan de capacitación, haciéndole comprender al empleado que él es responsable de su aprendizaje, y para esto citaré un ejemplo: un colega amigo mío requería resolver una problemática dentro de su organización (que no es muy grande), en la cual no tenía bien manejadas sus redes sociales, motivo por el cual requería un *community manager*. Mi amigo comenzó a buscar proveedores en empresas de mercadotecnia, y luego de cotizar varias, contrató a una persona que no dio los resultados previstos, aunque invirtió una importante cantidad económica en el proceso. Posteriormente contrató a un asesor externo, quien cobraba igual cantidad mensual, aunque finalmente tampoco dio ninguna clase de resultados, con la consiguiente pérdida de tiempo y recursos. Mi amigo estaba ya desesperado porque nadie en su empresa podía hacerse cargo, y él tampoco, debido a cuestiones de tiempo, y así estuvo casi dos años sin manejar sus redes sociales de manera óptima. Sin embargo, sostuvo una charla con una colaboradora que ingresó como coordinadora de Ventas, y le expresó: "Mira, Carmen, dentro de tu plan de carrera está que seas la gerente de Mercadotecnia, pero, para ello, necesitas manejar las redes sociales. ¿Qué sabes de manejo de redes sociales?", a lo cual ella respondió: "Prácticamente nada". Mi amigo preguntó: "¿Quieres manejar las redes sociales de la empresa?", y ella accedió. Lo que ocurrió a continuación sorprendió a mi amigo, porque Carmen, por iniciativa propia, salió al mercado, investigó, platicó y regresó con cinco opciones de capacitación externa con respecto al manejo de redes sociales, a la par de un análisis sobre cuál consideraba la mejor opción.

En la empresa de mi amigo tienen una política con relación a cualquier curso externo que les cueste dinero, y se les apoya con dos condiciones: la primera, que hagan el plan de la manera en que van a aplicar lo que aprendieron: "Voy a tomar esta capacitación de redes sociales y me comprometo a que, a partir de tal fecha, tendrán resultados tangibles con respecto a dicha especialidad". La segunda es que el colaborador paga la mitad del costo del curso, la empresa el resto, y se les descuenta en porciones muy accesibles. Una vez que Carmen tomó su capacitación en manejo de redes sociales, hizo un plan de implementación, lo presentó y fue aprobado, y así el tráfico en la empresa de mi amigo ha crecido aproximadamente en 50 por ciento.

Lo que ocurrió es que Carmen comprendió el enorme valor del aprendizaje y su responsabilidad en el proceso, lo cual implicó destinar los fines de semana a su capacitación y las noches para realizar sus tareas. Este es el nuevo paradigma del aprendizaje, en el cual el colaborador se compromete con su propio avance, que redundará en su progreso profesional y la remuneración económica. A la par, ella tiene claro su plan de carrera, por lo que se encuentra en la búsqueda de nuevas necesidades por cubrir en la empresa y, una vez detectadas, se moviliza para aprender y cubrirlas eficazmente. Quizás para la empresa de mi amigo cubrir $25 000 en un curso de diseño gráfico represente un desembolso significativo en el corto plazo, pero en el largo plazo representará ahorros por $200 000 o $300 000.

Cabe mencionar que la actitud emprendedora de Carmen, la empleada de mi amigo, se debe a los valores, la filosofía y la cultura organizacional de su empresa, los cuales permean a todos sus integrantes. Sin embargo, en empresas que no tienen un plan de carrera, no les importa si el colaborador aprende o no, y no remuneran a sus empleados ni emocional, ni financieramente por sus iniciativas; por supuesto, el personal estará desmotivado, y se cumplirá la profecía: "Hago como que trabajo, porque ellos hacen como que me pagan".

La importancia de ser parte de algo

Las personas buscamos pertenecer a algo, ya sea a una sociedad, un club, una congregación, un culto o una marca, lo cual tiene un gran impacto. Por ejemplo, pertenecer a un gran corporativo es motivo de satisfacción y autoestima para muchos empleados, lo cual permea en su autoconcepto, en sus resultados laborales e incluso en los personales. En contraste, cuando las personas forman parte de una empresa que no les aporta un gran sentido de dignidad, lo más probable es que abandonen y busquen cielos más azules en el horizonte a los que puedan pertenecer.

En una empresa pequeña es todavía más esencial cuidar que las personas deseen pertenecer, porque no se tienen los sistemas o recursos para retener a un talento de alto valor. Entonces es importantísimo que el colaborador sienta que pertenece a algo más grande que la propia organización, e incluso aún más grande que sus propios líderes, y se refiere a una misión, una visión, una cultura y una filosofía que favorezca sentirse satisfechos y contentos de pertenecer a dicho equipo, ya que la remuneración económica, que es importante, pasa a un segundo plano cuando se recibe reconocimiento, salario moral, innovación, respeto a las decisiones, resolución de problemas en armonía, integración, amistad y entusiasmo. Un empleado suele pasar ocho horas o más en una oficina, por lo cual es esencial que las personas con las cuales conviva cotidianamente sean afines y compartan un equipo sano y fuerte, que tenga visión, pues la persona se va a sentir completamente feliz al ser parte de ese equipo.

Por eso es tan importante que, cuando elijas a tus candidatos, sea con base en tu filosofía, porque así te aseguras de que todos los miembros de tu equipo compartan tus ideales y valores, amalgamándose así el talento en el corto, mediano y largo plazos.

Remuneración

Si bien este libro no pretende ser una obra especializada en los aspectos de la remuneración y la compensación, sí procura brindar un panorama general de estas, e invita a los directivos y gerentes a profundizar en esta cuestión particular, con la intención de que puedan crear el plan de compensaciones más adecuado para sus empresas.

El propósito de este apartado es sensibilizar a los líderes de las empresas u organizaciones para comprender que un conveniente programa de remuneración será de gran utilidad a la hora de retener el talento de sus integrantes, puesto que todos los empleados requieren, buscan y exigen una remuneración o compensación por su trabajo.

La remuneración tiene un impacto en la economía familiar en distintos grados, y depende también del contexto: en países en desarrollo, normalmente el sistema de compensaciones está rezagado respecto de la economía nacional, lo que genera que las empresas tengan una fuerte presión, por parte de sus empleados, de incrementarles los sueldos. En contraste, en Alemania, Suiza, Finlandia, Noruega o Islandia el sistema de remuneración está muy en línea con la economía nacional; se procura que las diferencias de remuneración entre los altos mandos y los mandos bajos no sean tan altas, a diferencia de nuestro país, donde podemos detectar diferencias de hasta 50 veces la remuneración, lo cual genera grandes controversias. Incluso, desde el punto de vista de la Pirámide de Maslow (en donde en la parte baja están las necesidades básicas), si en mi empresa tengo empleados que no pueden cubrir sus necesidades elementales con el sueldo que tienen, entonces poco les va a importar que les ofrezca *home office* u otro tipo de compensaciones indirectas, si ni siquiera pueden comprar el sustento para su casa.

Aclaro también que en este libro no me enfocaré en la remuneración de los obreros y operativos porque su labor es un trabajo más mecánico y no se requiere un sistema de compensación tan complejo, a diferencia de los mandos medios o mandos altos, en donde ya las personas tienen una remuneración cardinal que les permite vivir adecuadamente, pero pueden optar por algo más, lo cual implica que entre más altos sean los puestos, más difícil sea conseguir el talento. ¿Qué significa esto? Que conforme vas creciendo en el escalafón de las organizaciones, cada vez se hace más complejo diseñar el sistema o modelo de compensaciones óptimo, ya que, repito, es un elemento esencial en la retención del talento. Incluso en dicho modelo deben tomarse en cuenta factores que pueden pasar desapercibidos, tales como la generación a la que pertenecen nuestros colaboradores, ya que un *baby boomer* o un representante de la Generación X perciben la remuneración muy diferente de lo que lo haría un integrante de la Generación Y, un *millennial* e incluso un *xennial*. Por ejemplo, a los *baby boomer* les interesan las remuneraciones económicas firmes y con beneficios a largo plazo, que impliquen ahorro y seguridad; sin embargo, a un *millennial* le interesan más las remuneraciones indirectas, la libertad de tiempo y los beneficios como el *home office*, lo cual sería un factor determinante en su deseo de permanecer en dicha empresa u organización.

Antes de abordar este importante aspecto, quisiera expresar, como nota aclaratoria, que no importa el sistema de compensación o la combinación del sistema de compensación que escojas o diseñes, pues uno de los factores por los que suelen fallar dichos sistemas, que generan el abandono del talento, es la deficiencia en la comunicación de dicho plan; es decir, la gente no lo sabe o no lo entiende, pues no se le comunica de manera eficaz.

Es muy importante que, cuando diseñes tu sistema de compensaciones, crees también un plan de comunicación transparente y conciso, en el que a la gente le quede muy claro qué es lo que sí o no recibirá, porque puede generarse confusión o expectativas ficticias, pues alguien puede creer que va a recibir un bono de tres meses de sueldo, y al final recibe uno porque entendió mal el sistema de compensación, lo que provoca resentimiento.

Con la finalidad de abordar los pormenores de los diferentes factores que involucran las compensaciones, las dividiremos en dos: la remuneración directa y la remuneración indirecta.

Remuneración directa

Los estilos de la remuneración directa generalmente se refieren a la remuneración monetaria; a un ingreso específico de dinero en intercambio por un trabajo realizado o un resultado obtenido.

Entre las remuneraciones directas tenemos:

- El salario
- Los bonos
- Las comisiones

El salario

Es el ingreso fijo que un colaborador recibe en un cierto tiempo, normalmente es quincenal, aunque también puede ser semanal, el cual corresponde a sus labores o a su posición dentro de la empresa, y se asigna de acuerdo con el perfil de esta, los tabuladores de la organización (no es lo mismo un gerente de Ventas en una empresa de diez empleados, que un gerente de Ventas en una empresa tres mil empleados) y los tabuladores en el mercado establecidos por la zona geográfica.

El salario, como remuneración, debe ser visto por la empresa o el empresario como algo óptimo para sus colaboradores. Los empleados, especialmente los de la Generación X y los *baby boomer*, lo valoran más porque es un ingreso seguro que recibirán "llueve, truene o relampaguee", lo que facilita planear a largo plazo. En contraste, los *millennials* suelen emplear más el concepto "paquete de compensaciones".

En las empresas grandes hay todo un equipo de especialistas en compensaciones y remuneraciones, donde, mediante tablas dinámicas o algoritmos, realizan las combinaciones perfectas para cada nivel; en contraste, en las empresas pequeñas quizás se requiera más atención, ya que no se cuenta con dicha infraestructura.

Los bonos

El segundo tipo de remuneración directa son los bonos de desempeño. Un bono es un incentivo o una promesa económica que tiene que ver con el desempeño o los resultados específicos del puesto, y que se otorga normalmente cuando la persona llega a determinados objetivos específicos o los sobrepasa. Los bonos están determinados por algunos indicadores; por ejemplo, ventas, efectividad, productividad, eficiencia, tiempos o costos, y cada empresa los determina de manera particular, pagándose de manera total o proporcional al logro de la meta. Dicho bono puede tomar también como base el sueldo y ser de entre uno a seis meses de salario. Incluso muchas empresas llegan a expresar que los ingresos de su gente son de 15 meses al año, en lugar de 12, debido a que consideran 3 meses de bono. Esta combinación de números es lo que hace que un sistema de bonos pueda ser tan fácil o tan complejo como una empresa quiera.

El bono, como remuneración, tiene otra ventaja, pues motiva e inspira a los colaboradores a ir más adelante o a crear cosas que normalmente no se hubiera creído posible. También son fáciles de medir porque son fijos e independientes de la variabilidad del negocio, por lo cual puedes presupuestar cuál es la cantidad máxima de bonos que puedes dar al año y eso te permite planear tu presupuesto anual; sin embargo, la desventaja que tiene es que a veces los bonos se vuelven ya parte integral del proceso y los empleados pueden visualizarlos como algo dado por hecho o como una obligación, y entonces, aunque tengan mal desempeño, los exigen.

Un punto que vale la pena mencionar respecto del pago de bonos y comisiones (que veremos a continuación), es que sea realista, lo cual implica que, sencillamente, si te comprometiste a cubrirlos a los colaboradores que consiguieron los resultados, lo hagas. Definitivamente tú no puedes prometer algo que no vas a cumplir, pues esa incongruencia no solo genera desconfianza, sino que, en el mediano o largo plazo puede hacer que el talento se vaya de tu empresa. Por eso es muy importante disponer de un *software* o personal especializado que realice dichos cálculos y las cifras se presupuesten, ya que así no se te saldrá de las manos alguna combinación inesperada de resultados.

Las comisiones

Finalmente, la tercera forma de remuneración directa son las comisiones, las cuales son, generalmente, una remuneración variable basada en los resultados de venta. En otras palabras, si realicé un proceso comercial, como un contrato de venta por servicios o por productos, o vendí un producto, entonces, con base en un sistema de comisiones existente, recibo una cantidad de dinero adicional a mi sueldo o a mi bono. Cabe mencionar que las comisiones varían de empresa a empresa, pues hay algunas por 25% de venta, y otras de 1%, según factores tales como el porcentaje de utilidad bruta de un producto o servicio, pues si tengo una utilidad bruta de 80%, entonces podré otorgar comisiones de 20 o 30%, pero si la utilidad bruta es, quizá, de 8 o 10%, solamente podré dar comisiones de 1 o 1.5%. Asimismo, otras razones por las que varían los porcentajes de comisión tienen que ver con los montos del negocio, o bien por la cantidad de trabajo o involucramiento en la venta específica, lo cual se relaciona con el ciclo de venta, pues entre más largo o más complejo, la venta será más consultiva, pues requerirá un involucramiento de asesoría comercial con los clientes, tanto previo como posterior.

En resumen, las tres variables con las que se diseña un sistema de comisiones son:

1. La cantidad de tiempo que le dedicas a la venta
2. La utilidad bruta del producto o servicio

3. El volumen de desplazamiento del producto o servicio que estés manejando

Reitero que la clave para un adecuado pago de comisiones es que estén ligadas, no tanto a la venta sino a la utilidad, ya que de esa manera los vendedores procurarán usar otros recursos para la venta, sin apelar al descuento, ya que esto mermaría las ganancias de la empresa y, en consecuencia, sus comisiones; por lo tanto, las empresas que tienen buenos sistemas y controles financieros no ligan la comisión a la venta, sino a la utilidad, por lo cual explican a sus vendedores de manera sencilla cómo serán los pagos, por ejemplo: "Si tú vendes la máquina al precio A (precio de lista), tu comisión es de 5%; si la vendes al precio B (con un descuento), ya no es 5, sino 4%; si la vendes al precio C, será de 3%, pero ya no se permitirá venderla por debajo del C, pues ya no hay utilidades". Esto es con la intención de que el vendedor negocie de manera efectiva, dando valor agregado, pero no descuentos, y reitero que todo debe ser cuidadosamente planificado por el área de finanzas de la empresa ya que, de no hacerlo, puede generar resultados imprevistos. Para ejemplificar esta situación citaré una experiencia personal que me ocurrió cuando laboraba en una empresa de fabricación e instalación de elevadores y escaleras eléctricas para edificios y centros comerciales.

En aquel entonces percibía un ingreso mensual básico equivalente a $8 000 mensuales al día de hoy, lo cual no me alcanzaba en lo más mínimo para mi vida de recién casado, pero en dicha empresa tenían un sistema de comisiones muy interesante, en el que, si uno "se aplicaba", podía llegar a tener ingresos hasta de $40 000 o $50 000 al mes con base en las comisiones de las ventas. Claro que, si no había ventas, no tenía ni para gasolina, lo cual era una fuerte presión.

Ocurrió que la oficina maestra dio una directriz temporal para incentivar la venta de un determinado producto, y nos motivó así: "Si vendes este producto entre tal y tal fecha, tu comisión se pagará al doble". A la par, la empresa lanzó otra comisión temporal, y duplicó el pago de comisiones, con la intención de vender productos a un cierto tipo de edificios en una zona geográfica específica, lo cual les daría un posicionamiento estratégico. La clave para acceder a buenas comisiones era vender al precio de lista, sin negociaciones de descuentos.

Debido al entusiasmo que esto me generó, me puse las pilas para hacer mi máximo esfuerzo y superar la comisión de $50 000 al mes. De manera que vendí los equipos al precio más alto en la zona geográfica que correspondía al mejor pago de comisiones, y mi comisión, literalmente, se quintuplicó con base en el sistema que la empresa propuso, porque nunca pensaron que alguien pudiera tener la fortuna de vender con todas las variables positivas al mismo tiempo o con toda la oferta de comisiones simultáneamente. Pese a todo, lo conseguí, lo cual se reflejó en un pago de comisiones cercanas a los $300 000. Para mi sorpresa, las áreas de Finanzas y de Contraloría se opusieron rotundamente a dicho pago, y cuando fui a Finanzas con el documento firmado por mi jefe, que era el gerente comercial, me dijeron: "No, Luis, esto no te lo puedo pagar porque es demasiado dinero", a lo cual respondí: "Lo siento, pero yo estoy cumpliendo con todos los requisitos que están escritos y firmados, y me lo tienen que dar", a lo cual nuevamente se negaron. Regresé entonces con mi jefe y fuimos con el director comercial quien, luego de escucharnos, nos llevó directamente con el director general, presentándole tanto el contrato de las ventas realizadas como la tabla de compensaciones acordada. Cabe decir que al director general le tomó 10 minutos analizar la problemática, y nos expresó tanto a mí como al director comercial que iban a pagarme lo acordado. Acto seguido, tomó el teléfono y llamó al director de Finanzas, indicándole: "Por favor, asegúrate de que se pague la comisión de Luis". Obviamente, el director de Finanzas casi se cae de la silla cuando vio el monto, pero fueron honorables en su actuar, por lo cual recibí la comisión completa. Cabe aclarar que, automáticamente, al día siguiente salió un comunicado con una nueva regla que eliminaba ese proceso algorítmico de multiplicación que indicaba que nadie más tendría otra vez la oportunidad de hacer algo parecido. Claramente esta anécdota ilustra por qué las empresas deben planificar cuidadosamente el pago de sus comisiones.

Remuneración indirecta

La remuneración indirecta se refiere a otro tipo de compensaciones que las organizaciones han diseñado, ya sea por obtener beneficios fiscales o porque, en ocasiones, les resulta más útil o económica esta modalidad para sus empleados. Entre las remuneraciones indirectas tenemos:

- Beneficios no económicos
- Capacitación
- Compensaciones recreativas

Beneficios no económicos

Respecto de los beneficios no económicos hay múltiples ejemplos, pero normalmente cambian y mejoran conforme los puestos suben; obviamente hay más beneficios no económicos para los puestos más altos que para los más bajos.

En nuestro país aplica una ley que especifica que solo podrán deducirse impuestos por determinados beneficios si se otorgan a todo el personal, lo cual debe tenerse en cuenta antes de diseñar una modalidad de beneficios no económicos en una empresa. Deben asesorarse con un abogado especialista fiscal o un abogado de la Secretaría del Trabajo para evitar incurrir en alguna infracción.

Dentro de los beneficios no económicos se encuentran, por ejemplo, los seguros de vida, los seguros de gastos médicos menores o mayores, seguros dentales y seguros de discapacidad adicionales a los brindados por el Seguro Social.

Otorgar este tipo de remuneración es más accesible para una empresa que brindar el beneficio económico a los colaboradores y, para estos, es más atractivo, pues las personas normalmente no tienen el acceso a esos beneficios con su propio dinero.

Otros beneficios no económicos pueden ser, por ejemplo, herramientas de trabajo o equipamiento adicional que pueden servirles para el mejor desempeño de su puesto; por ejemplo, una computadora de alto rendimiento, los teléfonos celulares de gama alta o con un plan de datos muy atractivo, el cual, al ser contratado por una empresa, es más accesible que si el empleado pretendiera pagarlo. Asimismo, en este rubro se consideran los automóviles, los cuales, según el puesto, pueden ir desde los utilitarios (con el logotipo de la empresa incluido), hasta los de gama media o alta. Otro tipo de remuneración concerniente a este aspecto particular podría ser si el colaborador puede llevarse el auto a su casa o no; usarlo el fin de semana o no, y también si desea adquirirlo a mitad de precio una vez transcurrido un periodo determinado. Reitero que todo depende del puesto o el tipo de diseño que la empresa haya establecido.

Otra variante de beneficio no económico es la posibilidad de contar con acciones de la empresa en el mediano o en el largo plazo; es decir, convertirse en un accionista o socio de la empresa. Este elemento en particular es uno de los factores que, desde mi punto de vista, genera mayor retención en los empleados. Sin embargo, las desventajas de este modelo de compensación es que se requiere de una enorme maquinaria de abogados corporativos y asesores, pues debe tratarse de un tipo de empresa específico y contar con un sistema accionario que le permita tener acciones tipo A, B, C y D, en el cual, con base en ciertas características, se otorguen a los empleados determinadas acciones si cumplen con ciertos criterios definidos por las políticas de la empresa. A la par, dichas políticas establecen qué se puede hacer con dichas acciones y cómo pueden gestionarse. Reitero que es todo un mecanismo complejísimo, al cual las empresas tienen que dedicar enorme cantidad de dinero y tiempo para crearlo eficazmente.

La remuneración por acciones no es tan difícil para las empresas muy grandes, como es el caso de Walmart, sin embargo, las medianas y pequeñas son las que más se benefician de tener un sistema de compensación con base accionaria, porque si logran establecer un sistema adecuado, con una buena asesoría, tendrán el mejor talento que no podrían pagar de manera directa.

Este tipo de remuneración es una inversión a largo plazo entre la empresa y los empleados, con una relación ganar-ganar. Por ejemplo, supongamos que una pequeña empresa de tecnología está creando una aplicación innovadora, y requiere un CTO (*Chief Technology Officer*) quien, para formar parte del proyecto, solicitaría un sueldo de $150 000 al mes, pero a la empresa le resultaría imposible pagarle esa cantidad, pues no cuenta con la suficiente capacidad económica. Sin embargo, la alternativa es que se aplicaría un sistema accionario mediante el cual, con base en resultados, reglas, normatividades y convenios, se le otorgara un plan accionario en el cual solo reciba, por ejemplo, $50 000 al mes y los otros $100 000 con remuneraciones en acciones a futuro, con base en el crecimiento de la empresa. Si el plan resulta de acuerdo con lo establecido, esas acciones valdrán mucho más que los $100 000 al mes que no le dieron al inicio. Reitero que dicha estrategia es una combinación ganar-ganar entre el empleado y la empresa, quienes se convierten en socios, lo que permite una alianza sumamente eficiente, aunque, aclaro, tiene la desventaja tanto de la complejidad en el diseño como en el desarrollo y el control en el largo plazo. Pero este tipo de remuneración presenta el beneficio mejor percibido por parte de los empleados y el que más talento retiene.

La capacitación

El siguiente estilo de remuneración directo es la capacitación. Si bien muchas empresas recurren a esta, habitualmente los empleados no la valoran en su totalidad. A su vez, debido a que las empresas no tienen un plan de formación adecuado, no lo ven como un beneficio, sino como una obligación, cuando la realidad es que para el empleado es un beneficio tangible disponer de un proceso de capacitación y crecimiento en el área de su interés.

Adecuadamente planificada, múltiples empresas utilizan la capacitación como un estilo de remuneración, y lo comunican claramente a sus empleados, con la intención de retenerlos. Para ilustrar esto, citaré dos ejemplos.

Cuando fui director general, la empresa para la cual laboraba me brindó una remuneración vía capacitación, y me permitió cursar una maestría con una duración de dos años, cuyo costo era de $2 000 000, aproximadamente; esta remuneración generó en mí un gran compromiso moral con dicha organización, por lo que permanecí en ella cinco años más: dos por el periodo en que cursé la maestría y tres más, tiempo que les prometí que gustosamente aplicaría mis conocimientos en su beneficio.

Otro caso que puedo citar es el de una empresa que tenía filiales en Estados Unidos, Italia, Argentina, Inglaterra y México, a cuyos ingenieros enviaba a capacitación durante seis meses a una oficina en el extranjero para familiarizarse con la cultura, el idioma y los estilos de trabajo. Habitualmente dicha empresa tenía aproximadamente 150 ingenieros movilizándose en esos cuatro países, pagándoles casa, automóvil, sueldo y prestaciones mientras estaban en un periodo de capacitación. Si bien era enorme la cantidad de dinero que dicha empresa invertía, cuando los ingenieros y diseñadores retornaban a su país, eran dueños de información privilegiada, lo cual los convertía en profesionales altamente capacitados en el ramo, y se favorecía su retención, a la par que se les hacía firmar una carta convenio en la cual se comprometían a permanecer en la empresa cuando menos tres años, bajo la cláusula de que la empresa había invertido mucho en ellos y se esperaba responsabilidad recíproca.

Otro ejemplo de capacitación que las empresas proporcionan es, por ejemplo, la enseñanza de idiomas para los niveles operativos, ya sea inglés o algún otro, de manera que las sesiones sean *in situ*, en un aula específica de la empresa o su sala de capacitación, en la cual se les brindan las clases en los diferentes niveles del idioma y su aplicación específica para el área que les corresponda; esta capacitación favorece la retención del personal, pues lograr un nivel avanzado en el idioma les tomará cinco años, por lo que puede preverse que el colaborador permanecerá ese tiempo en dicha organización; a la par, las instituciones que brindan estos servicios contemplan honorarios por grupo, lo cual favorece que a la empresa resulte costeable, y también para el empleado, ya que le sería muy difícil pagar esa instrucción de su bolsillo si lo hiciera por fuera.

Compensaciones recreativas

Finalmente, el último estilo de remuneración indirecto son las compensaciones recreativas, las cuales son una tendencia muy reciente en las empresas, pues manifiestan tanto una filosofía como una preocupación genuina de que los empleados tengan una calidad de vida óptima, y se procura un balance entre la vida y el trabajo; incluso hay una nueva tendencia empresarial que se denomina *happiness* a cargo de un nuevo puesto denominado gerente de la Felicidad.

Un ejemplo muy representativo de este tipo de remuneración indirecta lo ofrece Google, donde los empleados cuentan con instalaciones que, por sí mismas, combinan armoniosamente la creatividad con la productividad en un entorno chispeante, y se ofrecen salones en los que pueden jugar billar, bolos, Xbox y otro tipo de elementos recreativos que aportan una atmósfera dinámica.

A este respecto, en nuestro país hay empresas que siguen esta tendencia, y ofrecen a sus empleados comedores con terrazas verdes o diversos ambientes, comida orgánica, vegetariana o vegana, o bien alianzas con cafeterías.

Asimismo, las empresas brindan prestaciones recreativas con la organización de eventos familiares en parques u otras instalaciones, por ejemplo, la celebración de Día de la Familia, donde la empresa se encarga de todo, desde lo económico, hasta la contratación de inflables para los niños, así como realización de eventos deportivos, kermeses y actividades lúdicas para los mayores, lo cual procura fomentar buenas relaciones entre los colaboradores, quienes se sienten más cercanos a la empresa. Evidentemente, esto ayuda mucho para el aspecto de la retención, porque la familia del colaborador siente también una afinidad por el sentido de pertenencia que la organización otorga.

Por otra parte, las prestaciones recreativas fuera de la oficina procuran conseguir que, mediante incentivos de bienestar, los colaboradores tengan una vida integral tanto familiar como de salud; se les ofrecen vacaciones, pero con algunas políticas más amplias que las meramente reglamentarias, que incluyen días vacacionales hasta un límite óptimo y una prima o un bono; esto significa que, además de cubrirles su sueldo, se les otorga un porcentaje para que puedan viajar.

A la par de las vacaciones, hay otras prestaciones recreativas adicionales, por ejemplo, vales para la adquisición de libros electrónicos y boletos para el cine, para conciertos o parques temáticos, lo cual forma parte de un convenio entre la organización y las empresas que ofrecen dichos servicios recreativos.

Cabe mencionar que, tras la aparente simplicidad de las prestaciones recreativas, existe una intención legítima de que las personas tengan un equilibrio en su vida para que puedan combinar la diversión con el trabajo, por lo cual deben ser cuidadosamente planeadas, ya sea por el dueño o gerente, si se trata de una empresa pequeña, o bien por el área de Recursos Humanos, si se trata de una empresa de mayor extensión; incluso se debe procurar realizar encuestas de satisfacción laboral para conocer qué es lo que realmente los empleados valoran.

Personalmente, sugiero a los empresarios y emprendedores que pregunten a sus equipos qué necesitan o a qué le dan valor para que, con base en su propia economía y sistema operativo empresarial, busquen la mejor manera de satisfacer dicha remuneración indirecta que tantas satisfacciones da al colaborador. La clave está en que la empresa utilice los medios a su alcance, como convenios con líneas aéreas, hoteles, transportación turística u otras para que no le cueste más, de manera que sean facilidades o prestaciones que harán que el empleado se sienta satisfecho. Por ejemplo, conozco a un empresario que, gracias a las compras y adquisiciones masivas que realiza con una tarjeta corporativa, cada año tiene la posibilidad de rifar dos viajes a Disneylandia entre sus empleados.

Una recomendación final al respecto tiene que ver, al igual que con las prestaciones directas, con la comunicación de manera clara al colaborador, pues a veces hay prestaciones recreativas que cuestan mucho dinero y no son vistas así por el empleado, por lo cual se requiere que este sienta un valor más alto de lo que cuesta, pues eso será apreciado de manera más satisfactoria por él.

Administración de la compensación

Después de haber visto la cantidad de posibilidades que existen para crear un paquete de compensaciones adecuado para tu equipo de trabajo (directas, no directas, económicas, monetarias, bonos, comisiones, vacaciones, etcétera), a continuación abordaremos el importante tema de cómo administrar la compensación.

La administración de la compensación significa que cada vez que tú, como directivo, emprendedor o dueño de negocio prometes algo y lo comunicas, estás generando un compromiso de cumplimiento con tu equipo de trabajo y esto es sumamente importante, porque muchas veces, al calor de la emocionalidad y en aras de elevar la motivación de los colaboradores, a los directivos o empresarios se les hace fácil lanzar promesas que, a la postre, se les olvida o dificulta cumplir; asimismo, en otras ocasiones, por la necesidad de que algún miembro del equipo no abandone la empresa, se le hacen ofertas más allá de lo posible. Sin embargo, al margen de que en el día con día dichas promesas no se cumplan y se vayan diluyendo por el olvido, en el fondo subyace una causa más profunda de la aparente omisión o retraso, y se debe a que no se cuenta con un sistema de administración de compensación adecuado que permita al directivo, emprendedor o dueño de negocio dar un adecuado seguimiento a todo este proceso.

Por principio de cuentas, sugiero a las empresas que consideren la administración de la compensación como un rubro al cual se le pueda dar un seguimiento efectivo, por ejemplo, con algún tipo de programa que puede ir desde Excel hasta otro tipo de *software* especializado en administración de compensaciones. Obviamente, depende de factores tales como el tamaño de la empresa, o bien de algunos otros para administrar las compensaciones de una manera correcta, los cuales veremos a continuación.

El primer consejo o sugerencia es alinearlos a la estrategia de la organización; es decir, si ya tienes como parte de tu estrategia ciertos valores o indicadores con los cuales mides el desempeño y los objetivos de tus equipos, a continuación, procede a alinear dichas compensaciones con lo que ya tienes. Por ejemplo, si ya cuentas con un sistema de medición de indicadores de objetivos de venta o de desempeño, lo único que harás será reforzar el cumplimiento de dichos indicadores para hacer asequible el pago del bono u otras compensaciones.

Por otro lado, es importante que clasifiques y realices una jerarquización adecuada de las diferentes posiciones y los distintos perfiles de puestos con que cuentas, ya que cada uno tiene un sistema de competencias que requiere para efectuar su trabajo. A partir de esto pueden dictaminarse las diferentes remuneraciones, por ejemplo: "Todo el personal de la empresa recibirá veinte días de vacaciones, pero el acceso al automóvil solo estará reservado para los colaboradores de las categorías uno y dos"; cabe mencionar que el empleado suele dar una importancia extraordinaria a dichas compensaciones o prestaciones, y estará muy atento de que esto se efectúe con certeza.

Se debe señalar que todos los parámetros deben estar claramente establecidos y contabilizados para evitarse algunas sorpresas inesperadas; a este respecto citaré el caso de un ejecutivo que laboraba en una empresa que ofrecía como remuneración un automóvil. Se le notificó que su promoción de puesto venía aparejada con el acceso a un automóvil de gama alta, en aquel tiempo, con un importe de $400 000. La empresa tenía considerada dicha prestación, pero no claramente escrita o formalizada con todos sus pormenores, por lo cual, una vez que consiguió su ascenso de puesto, el ejecutivo se reunió con el director de Finanzas, un extranjero, para hacer efectiva la prestación del automóvil. El ejecutivo agradeció el ascenso y la prestación, y expresó para finalizar: "Mi presupuesto para la adquisición del auto es más IVA, ¿verdad?", a lo cual el director de Finanzas le respondió: "Sí, claro". Entonces, automáticamente, con esa negociación verbal, el ejecutivo logró conseguir un automóvil de $460 000; asimismo, él ya había visto el automóvil que quería, con un costo de $410 000, y se preguntó: "¿Qué hago con estos $50 000 que me sobran?". Entonces llegó a la agencia donde compró el automóvil y dijo: "Denme todos los complementos adicionales que el coche pueda tener", y así añadió faros de led, caja superior para equipaje y todas aquellas monerías que hacen la vida feliz, incluida la chamarra deportiva, todo debido a que la empresa no había contemplado el factor de que el precio en una agencia ya incluye el IVA. Fue, evidentemente, un error en los estatutos de la empresa, lo cual aprovechó el ejecutivo, todo debido a que no lo tenían correctamente contemplado. Cabe aclarar que ese tipo de situaciones se presenta cuando las empresas no tienen una adecuada administración de compensaciones; en este caso, el ejecutivo accedió a un automóvil de mayor jerarquía al establecido por su puesto.

Otra sugerencia es que cuentes con un proceso formal de evaluación de desempeño (como ya lo mencioné en el capítulo dos), pero que sea tan funcional que lo puedas aplicar en el momento que así lo requieras, sin aludir únicamente a lo programado mensual o trimestralmente, ya que esto no solo te dará una idea de la funcionalidad del sistema de medición, sino también te dará retroalimentación para que puedas potencializar las habilidades y competencias de tu talento disponible, premiándolos o recompensándolos al momento, lo cual impactará en su retención.

En el mismo sentido, el siguiente consejo es que elabores una campana de Gauss o gráfica o de distribución del desempeño de tu talento y los clasifiques con ella. Puedes usar el criterio que empleó Jack Welch, en General Electric, quien expresó: "Tienes 20% de tu equipo, los *top talent*, a quienes debes dar compensaciones. Todo lo que quieras dar a ese 20%, hazlo. También tienes 10% hasta abajo, ese es el que tienes que despedir cada año. Y al 70% restante es al que tienes que capacitar y motivar para que llegue a tu 20% superior". Esto nos da una idea de la importancia de que las prestaciones y compensaciones en tu administración se enfoquen en tu *top talent* y no en tu *across the company*. Si tú otorgas 10 días de vacaciones para toda la empresa, está bien, pero sería mucho mejor que dieras 30 días de vacaciones a tu *top talent* y ningún día a tu *down talent*. Es la misma cantidad de días de vacaciones que estás brindando, pero tu *top talent* estará más satisfecho, y elegirá continuar contigo.

Otra manera en que puedes avanzar satisfactoriamente con las prestaciones es por medio de las empresas de administración de nómina, porque tienen a su cargo muchas organizaciones. Cabe aquí señalar que la administración de las compensaciones puede subcontratarse con este tipo de empresas, lo que elimina un factor claramente especializado y demandante. Sin embargo, debes tener cuidado porque una manera de no retener talento es que, precisamente, tengas a tus empleados en otra empresa que sea de administración de nómina, *pay rolling* o de *outsourcing*, lo cual no les da una identidad empresarial definida. Si decides efectuarlo, hazlo de una manera correcta y no solamente con la intención de disminuir el costo, sino para administrar mejor tus compensaciones y, de esa manera, conseguir un impacto favorable en la percepción del colaborador.

Otra observación que recomiendo para realizar una adecuada administración de la compensación es que tengas lo siguiente en archivo de Excel:

- Los sueldos base
- Los rangos mínimos y máximos de sueldo
- Las tabulaciones de porcentajes de aumento autorizados con base en sus evaluaciones
- Los bonos y cualquier otro factor que tengas contemplado en tu manual de compensaciones.

Nunca está de más tener el control de este aspecto, pues es muy fácil obviarlo y desentenderse de él, con los perjuicios que esto puede ocasionar tanto en tu empresa como en el ánimo de los colaboradores al no ver cumplidas sus expectativas. Para concluir este importante aspecto es que, al igual que todas las demás tareas que conlleva una empresa, la administración de la compensación requiere reflexión y una adecuada planeación, porque a veces, con el ánimo de generar un sistema de compensaciones atractivo para nuestro talento, nos olvidamos de que, si vamos a ofrecer algo, estemos seguros de que tenemos los sistemas financieros, administrativos y fiscales que nos permitan dar cumplimiento y seguimiento a las prestaciones que prometemos, porque al final es mucho peor prometer y no dar, ya que eso impacta negativamente en el ánimo y la retención de los colaboradores.

El *outsourcing*

Durante los últimos años se ha incrementado el concepto *outsourcing*, también llamado administración de nómina o tercerización. Este servicio consiste en que la empresa contrata a una empresa externa para realizar una serie de procesos tales como el pago de su nómina. Los motivos por los cuales la empresa hace uso de dicha tercerización tienen que ver con dos razones, primordialmente: primero, por eficiencia operativa, y segundo, por ahorro en la nómina.

Por su parte, la tercerización ha cambiado, crecido y evolucionando. En un principio estaba pensada para cubrir únicamente la parte operativa y hacerse cargo de la administración de la nómina; después se empezaron a diseñar modelos diferentes al contratar también al personal y llevar a cabo sus trámites ante el seguro social, Infonavit y Fonacot. Dichas empresas de *outsourcing* entregan, a su vez, una factura deducible de impuestos a la empresa que la contrató.

Cabe mencionar que, con relación al tema de la retención del talento, al cual está enfocada esta obra, el empresario o emprendedor debe evaluar cuidadosamente el uso de estos servicios.

Si la intención de la contratación del *outsourcing* se debe únicamente a cuestiones operativas para disminuir costos, podría considerarse un acierto, pues representa ahorro tanto de dinero como de tiempo. Sin embargo, desde el punto de vista de retención, los empleados podrían dejar de tener un sentido de pertenencia al estar contratados por una empresa ajena. Por otra parte, si el motivo de la contratación del *outsourcing* se debe a motivos como el desplazamiento de la carga o evasión de algunas responsabilidades empresariales, entonces recomiendo una reflexión más amplia al respecto.

Menciono lo anterior porque hay una falacia o error de juicio si se cree que, gracias al *outsourcing*, el empresario ya no tendrá responsabilidad laboral en el caso de que un empleado decida demandar a la empresa, puesto que está contratado por una tercera. Sin embargo, la tercerización no la exime de sus responsabilidades laborales, aun cuando las empresas de *outsourcing* expresen lo contrario. La Ley Federal del Trabajo expresa claramente cuáles son las responsabilidades hacia el empleado, en caso de que, por ejemplo, sea despedido, lo cual implica que el empresario no está exento del cumplimiento de dicha responsabilidad.

Cabe mencionar que algunas empresas, en alianza con las firmas de *outsourcing*, han diseñado estrategias que tienen como finalidad hacer frente a lo que consideran una clara desventaja ante los estatutos que presenta la Ley Federal del Trabajo, y han aplicado algunas maniobras desde la contratación del colaborador hasta su despido; una de estas es, por ejemplo, evitar que el colaborador genere antigüedad en la empresa, lo cual hace que, si bien ahorre en impuestos, el empleado deje de cotizar ante el seguro social y no ahorre para su retiro. Por ejemplo, hay empresas que usan el *outsourcing* y los empleados trabajan en ellas; saben que no son empleados "reales" y tienen prestaciones diferentes.

Reitero que, desde el punto de vista financiero, tiene sentido recurrir al *outsourcing*, pero desde el punto de vista moral o de retención, no.

Desde el punto de vista laboral y de la cultura de la empresa, un empleado que no sienta pertenencia a la empresa y que considera ajenas su misión, visión, valores y filosofía, quizás no desee permanecer tanto tiempo en ella, y más si sabe que tanto su contratación como su despido están sujetos a contratos o acuerdos en una relación claramente utilitaria entre la empresa y la firma de *outsourcing*. De manera que la disyuntiva entre recurrir o no a la opción del *outsourcing* debe ser resuelta con atención a los motivos o razones más profundas que puedan existir. Si decides optar por este mecanismo, te sugiero que te asesores con un abogado laboral, pero no el de la firma de *outsourcing*, sino uno que resuelva las controversias de los empleados ante la Secretaría del Trabajo, ya que ellos saben con amplitud los factores que la ley considera para la defensa del trabajador.

Por lo tanto, ante la duda, quiero compartirte esta reflexión: un empleado contratado por *outsourcing* tiene menos probabilidades de quedarse en tu empresa, pues no comparte tu identidad, valores, filosofía, ni misión; la única razón por la cual se quedaría contigo sería exclusivamente financiera, directamente proporcional al motivo por el cual tú lo contrataste vía *outsourcing*.

Otras consideraciones

Algunas prestaciones o estilos de remuneración que las empresas y organizaciones en la actualidad brindan a sus colaboradores tienen que ver con tendencias que favorecen la creatividad, el buen ambiente laboral e incluso la comodidad; entre estas está el *home office*, el *pet friendly*, los horarios flexibles y la vestimenta.

Home office

Home office significa oficina en casa o trabajo de oficina desde casa, el cual es muy atractivo, aunque cabe mencionar que no aplica para todos los puestos, pues normalmente funciona mejor para puestos administrativos y no para operativos, por lo cual es de capital importancia que analices qué tipo de puestos tienes en tu organización y con cuáles funcionaría esta atractiva prestación. A la par, debe considerarse que no todas las personas valoran el *home office* de la misma manera, pues incluso la generación a la que pertenecen (*baby boomer*, X, Y, etcétera) puede ser un factor determinante. Sin embargo, vale la pena tener en cuenta algunos puntos si decides implementarlo en tu empresa: primero necesitas establecer objetivos definidos para que las personas tengan claro qué van a realizar durante la semana, de manera que habrá trabajo por hacer en la oficina y otro desde casa; complementario a esto, debe quedar firmado y por escrito, ya que en este tipo de trabajo la gente debe comprender sus responsabilidades porque ya no se le paga por tiempo, sino por objetivos.

Segundo, debes determinar que las personas asignen un espacio específico de trabajo en su casa, porque requieren tanto efectividad como concentración en sus labores; dicho de otra forma: no pueden laborar en la mesa del comedor, con ruidos provenientes de labores domésticas y el llanto de niños alrededor. A la par del espacio específico, el colaborador debe disponer de todo lo necesario para desempeñarse eficazmente, como un escritorio, una impresora, acceso a internet de alta velocidad, línea telefónica, conexión para su computadora y cualquier otro elemento que se requiera.

El tercero tiene que ver con la disciplina de los horarios de trabajo: si la persona tiene un horario de 9:00 a. m. a 5:00 p. m. en la oficina, no debe cambiar si está en *home office*. El colaborador debe estar disponible en todo momento, pues el tiempo de *home office* es tiempo productivo que no debe emplearse en preparar alimentos, sacar a pasear al perro o ver televisión. Incluso se puede monitorearlos para verificar que realicen sus labores y comprendan que es una prestación responsable, por lo cual se les debe ayudar a que eviten las distracciones. Por último, hacer hincapié en que la comunicación es fundamental, pues, aunque estén en casa, si ese día deben conectarse a una junta, entonces deben hacerlo sin falta, como si estuvieran presentes en la oficina, cumplir con los tiempos y llevar una minuta de lo acordado, de manera que puedan dar seguimiento a sus obligaciones.

Finalmente, el *home office* debe ser paulatino, no de golpe, para que las personas se acostumbren gradualmente a esta forma de laborar. Una recomendación es efectuarlo solamente con las personas indicadas, y hacerlo primero un día al mes y ver cómo funciona; luego dos días y monitorear hasta conseguir que sea un día a la semana, de manera fija.

A continuación, quisiera citar algunas ventajas y beneficios del *home office*. En primer lugar, desde el punto de vista de la retención, hay muchas personas que dan un valor enorme al trabajar desde su casa, debido a que no requieren desplazarse, ni invertir tiempo y recursos en ello, lo cual es de agradecer en ciudades con alto índice de tráfico, como la Ciudad de México, de manera que la hora o dos horas que el empleado usaría en transportarse, puede destinarlas a ir al gimnasio, a realizar actividades recreativas e incluso de integración familiar, lo que aporta felicidad y balance a su vida.

Otra ventaja es la reducción en costos, por ejemplo, de alimentación, pues estar en casa puede disminuir costos y alimentarse de acuerdo con su dieta, ya que algunas personas son vegetarianas o veganas. Asimismo, otra ventaja es que les das la libertad de no tener que usar el traje o el uniforme para poder ir a trabajar.

El *home office* es muy útil siempre y cuando sigas las recomendaciones descritas y, sobre todo, estén muy claras las reglas, las condiciones, los lineamientos y se mantenga la comunicación entre el equipo, fortaleciendo la identidad corporativa.

Pet friendly

Un estudio realizado por The Banfield Pet Hospital encontró que 83% de los empleados tienen un mayor sentido de lealtad hacia las empresas con políticas de mascotas, lo cual favorece la retención. Por otro lado, 88% de las personas de Recursos Humanos entrevistadas estuvieron de acuerdo en que tener mascotas en el trabajo mejora notablemente la moral de equipo, porque muchas las consideran como miembros de su familia e incluso como hijos, y esto es particularmente notorio entre los colaboradores que pertenecen a las generaciones *millennial* o Y.

Cabe mencionar que, así como el *home office*, el *pet friendly* es un privilegio o un beneficio otorgado cuando el colaborador cumple ciertos objetivos o requisitos, por lo que debe quedar muy claro que es una prestación y no necesariamente será para todos.

Antes de aplicar el *pet friendly* es importante considerar algunos elementos fundamentales para diseñar una oficina con tales características. Por principio de cuentas, debe hacerse una encuesta para cerciorarse de que el equipo realmente valora esta prestación y, de resultar afirmativa, designar un comité que establezca qué mascotas entran en el programa, ya sean gatos, perros, peces o aves y cuáles no, por ejemplo, serpientes. También es importante considerar que, desde el punto de vista logístico, el *pet friendly* pueda implementarse; por ejemplo, para una empresa pequeña, que quizás cuente con una oficina de 120 m² y un patio, es más fácil que para una empresa que renta oficinas exclusivas en un corporativo donde, por principio de cuentas, no permiten el ingreso de animales. O bien que el giro de la empresa lo permita, pues si maneja residuos tóxicos o solventes, podría resultar muy perjudicial para los animales.

Por otro lado, deben existir instalaciones sanitarias adecuadas para las mascotas y contar con lugares específicos para que se alimenten o tomen agua. A la par, los perros deben estar entrenados para hacer sus necesidades en el lugar indicado y, de no ocurrir así, establecer que el dueño se encargue de cualquier contingencia. Preferentemente, una oficina *pet friendly* no debe tener alfombras.

Asimismo, debe existir un reglamento con respecto al comportamiento de los animales y una normatividad tanto para el número de mascotas admitidas como para los animales que se muestren agresivos o que ladren mucho. Incluso hay empresas que pagan entrenadores para que les ayuden a las personas a entrenar a sus perros. ¡Así de importante puede llegar a ser esta prestación para algunas personas al fortalecer el desempeño del personal y la retención del talento!

Horarios flexibles

Las generaciones más recientes valoran factores tales como la flexibilidad de horario para desear pertenecer a una empresa. Y esta, al igual que las otras remuneraciones, debe brindarse como una prestación adicional que tenga administración y control, y esté basada en los resultados de la gente.

Debido a que las personas valoran mucho su tiempo y tienen actividades personales, hay empresas que tienen flexibilidad de horario; por ejemplo, les permiten llegar una hora tarde, cuatro o cinco veces al mes, por lo cual los colaboradores se organizan para que esos días coincidan con algún compromiso, por ejemplo, el festival escolar de su hijo. A la par, también existe la flexibilidad de salir más temprano los viernes para evitar el tráfico o las aglomeraciones. Otra variante de flexibilidad podría ser una política específica: "Cúmpleme 45 horas a la semana y puedes venir entre 6:00 a. m. y 8:00 p. m.". Otra opción puede ser también la flexibilidad de horario a la hora de la comida, de manera que los colaboradores puedan acudir a alguna actividad adicional, como caminar o ir al gimnasio.

Cabe mencionar que hay prestaciones con una buena intención, pero con una mala planeación, que resultan contraproducentes. Por ejemplo, conozco el caso de una institución bancaria que brindó a sus colaboradores un extraordinario gimnasio como prestación de tipo recreativo, el cual incluía equipos de punta e incluso un entrenador, pero no consideraron el inconveniente de la falta de tiempo, pues los empleados regularmente tardaban hora y media para llegar a la oficina, y se iban a las 6:00 p. m. para evitar el tráfico, de manera que el gimnasio permanecía vacío todo el tiempo, pues no les brindaron un sistema de horario flexible; además, tampoco los incentivaron para que lo usaran.

Los horarios flexibles requieren diseño y planeación eficaz para que en todo momento se tenga bajo control la presencia o ausencia de los colaboradores o cuántas horas estuvieron, además de la política de que la oficina no debe estar sola, por lo que deben determinarse roles y acuerdos.

Vestimenta

Este tipo de prestaciones se han dado últimamente debido a los hábitos de las nuevas generaciones, quienes valoran ciertos aspectos de la vestimenta como identidad. Cabe mencionar que este tipo de prácticas no son nuevas en toda la extensión de la palabra, pues los despachos de publicidad o de diseño ya las empleaban, incluso con la división de las oficinas en dos: el área formal, muy ordenada, y otra, la creativa, con empleados que usan ropa informal; ahora se hace como una prestación institucionalizada y no solo enfocada al giro.

La vestimenta como prestación tiene el beneficio de permitir a las personas sentirse cómodas y portadoras de su propia identidad al elegir el atuendo que refuerce su individualidad, a la par que aumenta su productividad y creatividad. Sin embargo, reitero, depende mucho del área, el puesto y del giro de la empresa, ya que las personas que, por ejemplo, están frente al cliente, deben respetar la imagen corporativa que de ellos se espera; o, en el mismo caso, una empresa de giro financiero, que debe dar una imagen de formalidad y seriedad, no podría implementar esta normatividad.

Sin embargo, hay empresas o secciones en ellas en que sí es posible brindar esta prestación, pero, así como otras prestaciones, se requiere un control que establezca las reglas mínimas que deben observarse. Por ejemplo, el sistema podría permitir el uso de *jeans*, siempre y cuando no estén rotos. Calzado cómodo, pero no huaraches. Playeras polo o informales, pero sin logotipos agresivos o disonantes tales como cráneos o calaveras. Incluso conozco el caso de una empresa que permite a sus colaboradores utilizar pantuflas dentro de las instalaciones, y dejan el calzado común en la entrada; los colaboradores visten adecuadamente, y la prestación consiste en que las pantuflas pueden usarse en su área de trabajo, y se solicita que sean relativamente nuevas o estén aseadas.

Reitero que, igual que con otros tipos de remuneraciones, esta prestación relacionada con la vestimenta requiere control y comunicación clara a todos los colaboradores para que se pueda implementar adecuadamente.

Deja que el camino esté abierto al talento.

Napoleón Bonaparte

El *coaching* como herramienta 6

Antecedentes del *coaching*

En los últimos años hemos sido testigos del incremento del uso del término *coaching*, lo que ha generado diversas variantes y ha hecho surgir especialistas tales como *coaches* de vida, ontológicos, de negocios, de alimentación o de salud. Sin embargo, para entender un poco más este tema y la implicación del desarrollo de talento recurriendo a un *coach*, debemos conocer un poco la historia y el contexto de dicho concepto.

A mediados del siglo XV, a unos 70 km de Budapest, Hungría, había un pueblito llamado Kocs. Este pueblo, que hoy tiene una población de apenas 2 500 habitantes, es famoso porque ahí se originó esta palabra. En ese tiempo, los fabricantes de carruajes crearon un modelo de vehículo tirado por caballos con suspensión sobre resortes de acero. Al ser tan cómodos, pronto tuvieron una aceptación por toda Europa y se les llamó "carruajes de Kocs" o, en húngaro, *kocsi sze kér*. Poco después, una empresa alemana llamada Thurnundtaxipost comenzó a dar el servicio de correos con estos carruajes y, a mediados del siglo XVII, se comenzó a emplear como un término que significaba "vehículo o carro", el cual se traduce al alemán como *kusche*; al italiano, *cochhio*, y al francés, *coach*. Posteriormente, en Inglaterra, a finales del siglo XVIII, se creó un deporte practicado por la alta sociedad en el que usaban estos carruajes, al cual se llamó *coaching*, y surgieron entonces los términos *coach driver* o *coach station*, de manera que la palabra comenzó, poco a poco, a referirse también a "transportar personas de un lugar a otro".

Décadas después, Sir John Whitmore, un célebre piloto de carreras profesional, se retiró a mediados de 1960 para convertirse en psicólogo deportivo y fundador de una escuela de coaching para deporte, que poco después condujo hacia el aspecto empresarial, lo que dio origen al establecimiento de esta disciplina.

El coaching y el desarrollo del talento

Indiscutiblemente, el desarrollo del talento está estrechamente ligado con el coaching, del cual personalmente tengo gratos recuerdos, ya que conocí el denominado coaching deportivo cuando jugué futbol americano durante mi adolescencia. Esta fue una gran experiencia de aprendizaje y crecimiento, así como de camaradería, confianza en el equipo y desarrollo de habilidades necesarias para triunfar, con el uso de las fortalezas existentes.

Recuerdo que, durante esta etapa, el coach que me tomó a su cargo me dio instrucciones muy claras acerca del compromiso que estaba adquiriendo al formar parte de su equipo pues, a partir de ese momento, me llevó al límite de mi capacidad física y mental, y para hacer cosas que yo no creía posibles en ese entonces, pero me fortalecí y tomé confianza en mí mismo durante aquellos años. Fueron tres años rudos, con grandes satisfacciones y también derrotas, y ahí comprendí la importancia de estar cerca de alguien que te inspire, motive, guíe e incluso regañe para cumplir los objetivos.

Actualmente, como empresario, busco coaches y asesores, tanto de temas empresariales como personales, y generalmente empleo una premisa para seleccionarlos: "¿A quién conozco que admire en ese campo?" Es decir, primero me acerco a él, le pregunto por qué se entrenó en su especialidad y tomo sus respuestas para alinearlas a mis propios valores. Posteriormente, lo interrogo acerca de su experiencia: "¿Cómo logró superar los miedos y límites?" Y, por último, le solicito que me guíe para compartirme sus conocimientos. Lo anterior significa que soy un convencido del *coaching*, pero eso, reitero, implica la adecuada selección de un *coach* en el desarrollo del talento.

En el coaching pueden observarse tres principios básicos que sustentan el proceso de cambio en las personas y equipos de trabajo:

- La conciencia: comprendo o hago conciencia de lo que sucede.
- La autocreencia: confío en que debo superar dicha limitación o conseguir determinada meta.
- La responsabilidad: me comprometo a hacerlo.

Los tipos de *coaching*

Los tipos de coaching se pueden dividir o clasificar en dos: desde el punto de vista del contenido y desde la metodología. Llegados a este punto, vale la pena comprender que mientras más claras se tengan las intenciones, metas u objetivos en una empresa u organización, más fácil será identificar la clase o tipo de *coach* que requiere contratarse y evitar confusiones o malentendidos.

Al hablar del contenido del coaching nos referimos a la forma y la función del coaching, es decir, para qué es (no el cómo, sino el para qué), y aquí podemos determinar tres tipos: el deportivo, el personal y el organizacional.

El coach deportivo, primordialmente, te ayuda a desarrollar tu potencial como deportista, en el empoderamiento y en tus habilidades, desde el punto de vista del deporte que hayas escogido. A este tipo de coach también se le conoce como fitness coach, y tiene la intención de lograr un óptimo funcionamiento orgánico del *coachee*. Asimismo, dentro de este rubro se encuentra el coach de salud y alimentación o *health coach* quien, además de asesorarte acerca de la alimentación adecuada, te impulsa y da seguimiento para el logro de metas relacionadas con tu cuerpo.

Por otra parte, el coach personal (también llamado *life coach* o coach de vida) es un profesional que te ayuda a desarrollar habilidades personales, con la intención de lograr una calidad de vida integral, así como un equilibrio entre sus diferentes aspectos: familia, hijos, carrera y misión personal. Asimismo, apoya en cambios que quieras hacer en tu entorno, como trabajo o residencia, o bien hacer algo diferente con tu vida.

Finalmente, el tercer tipo de coaching es el organizacional, que busca ayudar a las firmas o compañías a trabajar mejor. Este tipo de coaching se divide en dos: el empresarial y el ejecutivo.

El coaching empresarial es un procedimiento por el cual se ayuda a entrenar a las personas para que alcancen algunas metas establecidas por ellas mismas o, en su caso, los objetivos de la empresa. Se aplica cuando el área de Recursos Humanos o el director deciden que su talento está capacitado, y les gustaría retenerlo y desarrollarlo dentro de la organización, por lo cual le proporcionan un conjunto de habilidades, conocimientos y actitudes más específicas o especializadas, las cuales son aportadas por el coaching. Por medio del proceso *coach-coachee*, los individuos o equipos reciben impulso y guía personalizada para que superen cuestiones internas limitantes y venzan obstáculos que los detienen para cumplir sus metas u objetivos. Por ejemplo, supongamos que un vendedor de la empresa ha recibido capacitación, conoce estrategias de comercialización, es comprometido, puntual y maneja también tecnología de ventas; o sea, tiene todo lo necesario para desempeñarse efectivamente, pero tiene un punto débil: su temor a hablar en público. En este caso, el coaching se enfocaría en brindarle técnicas o elementos psicológicos necesarios, orientándolo a vencer las limitantes y así superarse. El papel del coach es formular preguntas al coachee para identificar qué lo limita para decidir en conjunto el proceso de trabajo en particular para el logro de metas específicas.

A continuación, abordaré los objetivos y el proceso del coaching empresarial. En primer lugar, la mayoría de las empresas que buscan un coach empresarial se debe a que tienen un objetivo en particular con un colaborador o un grupo de personas. Es decir, el punto de inicio es saber qué meta se quiere lograr; por ejemplo, en el caso de un vendedor, que incremente sus ventas; en el caso de un líder, que desarrolle alguna habilidad para conseguir una mejor comunicación con su equipo; si se trata de un equipo, que pueda ser más comprometido o esté más inspirado.

Hay un elemento clave en el coaching, y se refiere a los compromisos que se generan y la responsabilidad que se crea en la relación coach-coachee, en donde se aclara que el *coachee* estará totalmente dispuesto a cumplir con los deberes que él mismo ha establecido con su coach. A su vez, este debe tener la habilidad para motivar, empujar, impulsar e incluso desafiar al coachee, si fuera necesario, lo cual nos permite comprender claramente que el proceso entre ambos genera una mezcla de emociones y que el proceso está encaminado al logro de una meta específica, en el que se derriban las barreras o los obstáculos que podrían encontrar en su camino.

Si bien hemos abordado tanto el concepto coaching como sus características, vale la pena enumerar sus objetivos o intenciones al aplicarlos a una empresa; es decir, los objetivos principales que una empresa busca al recurrir a este.

1. Fomentar el apoyo entre el equipo.

2. Mejorar la calidad de los resultados. Debidamente aplicado, un coaching no busca crear un resultado, sino mejorarlo: si el colaborador es bueno en algo, el coaching lo ayudará a ser mejor. Dicho de otra forma, el coaching no te ayuda a pasar de ineficiente a efectivo: "Si yo no soy bueno dibujando, no es un proceso de coaching lo que necesito, sino aprender a dibujar. Pero si ya soy muy bueno dibujando y, por alguna razón no he roto la barrera de convertirme en un extraordinario dibujante, entonces sí requiero un coach que me ayude a superar esa barrera".

3. El tercer objetivo es potenciar la capacidad de liderazgo y promover los cambios de manera positiva para hacerlos propios; transferir la mentalidad emprendedora a los empleados con el fin de fomentar al intraemprendedor. Este es aquella persona que trabaja dentro de tu organización y tiene mentalidad emprendedora; es decir, alguien que crea y propone gracias a su iniciativa. Aquí es muy importante que el director o dueño del negocio sepa retribuir o compensar adecuadamente esta cualidad de su colaborador.

4. El siguiente aspecto se refiere a la superación de debilidades personales, donde el individuo requiere un apalancamiento para lograr mejores resultados. Por ejemplo, una persona puede ser muy competente, pero si su sobrepeso está convirtiéndose en un factor que afecta su autoestima y, por ende, sus resultados, el *coaching* puede ayudarle a identificar qué estrategias internas puede usar para resolver esa situación, lo cual impactará gradual y positivamente en sus resultados laborales.

5. Otro objetivo es reconocer las experiencias previas de la persona y traerlas al presente, con el fin de usarlas como un trampolín hacia nuevos y mejores resultados. Dicho de otra forma, capitalizar la experiencia.

En resumen, el coaching empresarial se enfoca en la empresa en general, y puede trabajar con individuos o en grupos, ya sean grandes o pequeños, y tiene una amplia serie de funciones. Por ejemplo, hay ocasiones en que las empresas se fusionan y el coaching ayuda en el proceso de incorporación e integración de los equipos de áreas afines; de esta manera ambos equipos se coordinan evitando la duplicidad de funciones o conflictos derivados de la diferencia en los procesos de trabajo, lo que favorece un buen ambiente laboral. Este profesional habitualmente suele trabajar de la mano con un consultor o asesor empresarial, con la intención de eficientar los procesos y optimizar los procedimientos en la organización.

El coaching ejecutivo, a diferencia del anterior, se enfoca exclusivamente en la persona para fortalecer sus habilidades de dirección, liderazgo y comunicación. Se trabaja en la superación del colaborador, lo cual es muy habitual cuando, por ejemplo, un excelente vendedor es ascendido a gerente de Ventas, y requiere la adquisición de habilidades específicas, ya que a su cargo tendrá otras responsabilidades adicionales, tales como administrar, gestionar y liderar.

Por otra parte, respecto de la metodología del coaching, es decir, "el cómo", vale la pena mencionar que existen diversas corrientes o teorías, las cuales de aplican de acuerdo con el estilo o la finalidad que deseen lograr el *coach* y el *coachee*.

Abordaremos las metodologías más significativas: el coaching ontológico se orienta a la utilización del lenguaje y las herramientas lingüísticas. Lo que propone es que, a través de la forma en que un individuo se expresa, será la manera en que maneje sus emociones, con hincapié en que un cambio en sus conversaciones tendrá un profundo impacto en sus resultados.

El coach ontológico ayuda a la persona a expresarse de la forma adecuada para que pueda optimizar sus resultados; un caso es que la persona hable en presente en lugar de hacerlo en términos de posibilidades o probabilidades. Por ejemplo, un vendedor que expresa: "Cuando venda determinado proyecto, me pondré a organizar todo", será apoyado por un coach ontológico a afirmar: "Como este proyecto ya está vendido, organizaré ahora mismo sus fases". En resumen, este coaching se enfoca en la optimización del lenguaje verbal y no verbal.

El coaching sistémico es el proceso mediante el cual se considera a una persona como parte de un sistema y no como un elemento aislado; normalmente ayudan a que la persona entienda cómo está interconectada con el mundo y cómo dichas interrelaciones, tanto personales como profesionales, afectan sus decisiones diarias y su manera de desarrollar sus acciones.

Por ejemplo, si un ama de casa quiere generar más ingresos en su hogar, un coach sistémico le podría sugerir que comience a ver elementos más globales y no solamente su casa, recomendándole que se incorpore a algún grupo o una empresa de multinivel, y a sus respectivos congresos de ventas para reunirse con más personas, con el fin de que su sistema individual se integre a sistemas más grandes o amplios.

El padre del coaching de inteligencia emocional es Daniel Goleman, quien expresa que es mediante el autoconocimiento personal que la persona regula su emocionalidad y, con base en esto, el individuo tomará decisiones para beneficio propio y ajeno, con la conciencia de sus propias emociones. Debido a que las emociones generan las decisiones, el coaching de inteligencia emocional procura que las personas decidan cuando se encuentren en el estado emocional adecuado, lo que repercute en la efectividad de sus acciones.

El siguiente tipo de coaching se conoce como coercitivo, y en este normalmente se utilizan técnicas de alto impacto o métodos muy fuertes para lograr el cambio. Se basa en la creencia de que la persona primero "debe tocar fondo" para posteriormente crecer. Según este modelo, la persona debe limpiar su mente para poder evolucionar de una manera más segura. Cabe mencionar que este tipo de coaching debe ser aplicado por un verdadero profesional, pues sus técnicas pueden llegar a ser sumamente intimidantes, por ejemplo, pueden aislar a los individuos y despojarlos de horas de sueño, alimentos y agua para que, por medio de estas privaciones, analicen sus problemas o circunstancias desde una óptica diferente. Quizás la metáfora que más se aproxime a la metodología del coaching coercitivo sea la del adiestramiento de los nuevos reclutas en el ejército, donde reciben un trato despectivo al inicio para posteriormente superarse, ya que no desearían jamás regresar a los niveles más ínfimos.

Obviamente no todos los métodos del coaching coercitivo suelen ser tan drásticos pues, por ejemplo, hay algunos ejercicios y dinámicas tales como lanzarse desde un avión en un paracaídas o de espaldas desde una altura de dos metros para ser atrapado por su equipo de trabajo, o bien las caminatas sobre brasas o navegar en aguas rápidas. Otras técnicas consisten en aislamiento en bosques y montañas, donde la persona tiene oportunidad de sentirse libre y gritar o soltar todas aquellas ataduras del pasado o limitaciones que le impiden avanzar, desmoronándose psicológicamente en una catarsis para luego renacer cual ave fénix. Por este motivo soy tan enfático en la responsabilidad de los coaches coercitivos para lograr cambios en la persona sin dejarle alguna huella psicológica o herida emocional.

El siguiente es el coaching de PNL (programación neurolingüística), quien analiza la manera en que la persona interpreta su realidad, a través de elementos visuales, auditivos y kinestésicos, para fomentar el cambio. Cabe mencionar que esta es una de las disciplinas más estudiadas y conocidas, y tiene la intención de reprogramar el cerebro de una persona para crear cambios en su estructura profunda y puedan convertirse en una nueva versión más capaz y feliz.

Finalmente, el coach cognitivo que es el que ayuda a la trasmisión eficaz del conocimiento, y su función es entrenar las funciones cognitivas de lo que la persona sabe o no sabe para emplear técnicas de aprendizaje, memoria y pensamiento, con el fin de que la persona logre metas en diversos campos. Considero que este tipo de coahing es más suave, debido a que no se entromete en la emocionalidad de la persona, sino que trabaja en las áreas del conocimiento para que comience a tomar mejores decisiones.

A la par de las metodologías de coaching mencionadas, cabe expresar que en la actualidad se emplean nuevas modalidades o variantes, por ejemplo, el coaching asistido por caballos o delfines, el cual, a través de la relación con el animal, permite a las personas manejar su emocionalidad y ciertos elementos de equilibrio personal para que sean mejores.

Reflexiones acerca del *coaching*

El coaching ha tenido un crecimiento inmenso en los últimos años, lo cual ha creado una oferta desmedida, sin necesariamente disponer o establecer un control de calidad en sus procesos. Si bien hay organizaciones globales de certificación de este, es importante señalar que hay muchas personas que no pasan por ese adiestramiento, o bien su proceso es extremadamente mínimo o limitado para convertirse en coaches.

Mi punto de vista particular es que un coach debe ser alguien que haya pasado personalmente por los procesos que brindará, con el fin de compartir su experiencia con conocimiento de causa y comprender a la persona que está *coacheando*. Sin embargo, hoy día encontramos personas de menos de 30 años ofreciendo coaching, las cuales apenas si han tomado una certificación de 10 sesiones, y que suponen que ya tienen las herramientas para atender empresarialmente a una persona. Considero esto como un error porque definitivamente a dicho coach todavía le falta mucha experiencia para poder brindar este servicio a otra persona. Haciendo una analogía, imaginemos que el *head coach* de un equipo de futbol americano profesional tiene la misma edad que sus jugadores y nunca ha sido jugador o entrenador, entonces difícilmente podría *coachear* a los jugadores, ya que desconocería casi completamente la infinitud de factores que conlleva ese deporte. En este caso, un head coach adecuado sería alguien de experiencia probada y de sólidos conocimientos en dicho campo.

Personalmente no estoy en contra del coaching, sino del uso indiscriminado que se le ha dado a este término, y sugiero tomar en cuenta dos aspectos para seleccionar a alguien efectivo:

1. Buscar un coach competente, comprometido y con una pasión de vida por ayudar a las personas. Asegúrate de que sus credenciales sean las correctas, que su imagen personal sea congruente y que tenga una misión de servicio al compartir su tiempo y conocimientos. También es importante que esté certificado por la International Coaching Federation (ICF), organismo que procura regular las credenciales de los coaches, y verifican sus metodologías y avala sus resultados.
2. Confiar plenamente en el coach, es decir, que el coachee admire y tenga absoluta certeza de que la persona seleccionada sea alguien que puede guiarlo en el camino. Uno de mis mentores, Blair Singer, expresa una frase que me encanta: "El tamaño de una empresa es directamente proporcional al tamaño de la mente del líder", lo cual significa que yo no puedo crecer mi empresa si no crezco primero mi contexto mental, y mi contexto mental solamente se puede incrementar y crecer de tres formas:

   a) A través de las experiencias personales.

   b) Relacionarme con personas o elementos fuera de mi entorno habitual, lo cual significa viajar y conocer otras formas de trabajar, por ejemplo, en empresas de Asia o Europa, incluso de Latinoamérica. Si no es posible viajar, por lo menos conocer otras ciudades u otras personalidades del ámbito industrial, político, deportivo o financiero.

   d) Crear un contexto mental más amplio a través de la introspección y el trabajo con tu propia persona, lo cual es, precisamente, la función del *coaching*.

Cuando eres un líder y tienes un equipo de trabajo, el coaching es muy importante porque te ayudará a entender hacia dónde quieres ir y, como equipo, superar obstáculos en conjunto, conquistando nuevas y mayores metas.

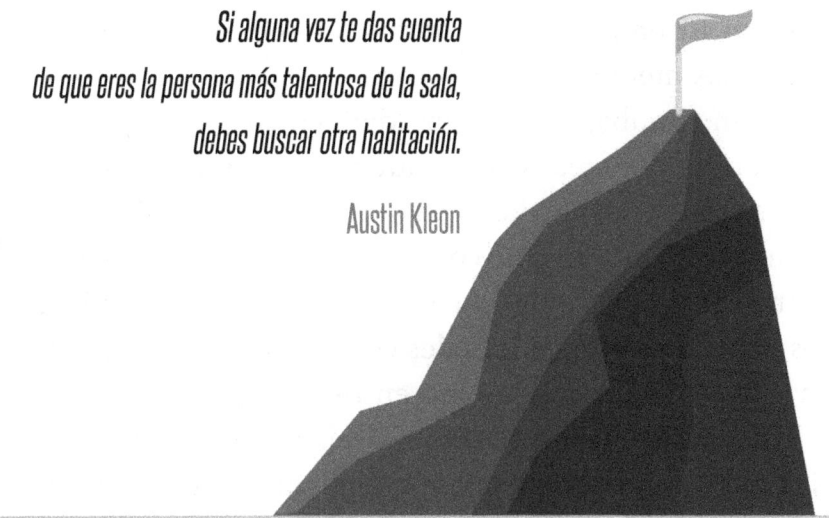

Si alguna vez te das cuenta de que eres la persona más talentosa de la sala, debes buscar otra habitación.

Austin Kleon

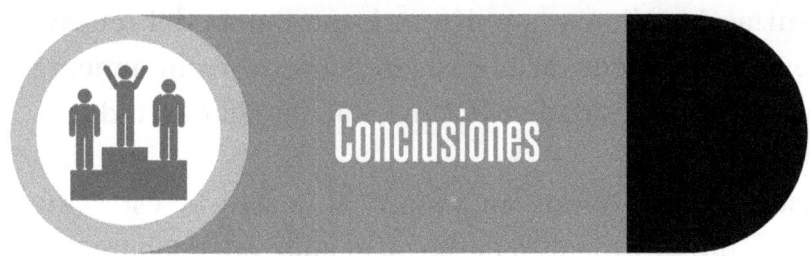

Conclusiones

Como habrás descubierto tras la lectura de este libro, tener un equipo de trabajo representa tanto una responsabilidad como un desafío, y también una increíble oportunidad de permitir a sus integrantes convertirse en la mejor versión de sus vidas, tanto personal como profesionalmente, de manera que su talento sea descubierto, desarrollado y maximizado, pero, sobre todo, retenido para el bien de las empresas y organizaciones.

Aplicar los consejos, directrices o estrategias que este libro te aporta, te ayudará a que generes compromiso y mejor eficiencia en tu empresa, pues todos queremos preservar o mantener a las mejores personas cerca de nosotros. Como líderes, debemos trabajar con humildad, congruencia y compromiso para poder crear colaboradores unidos y talentosos. Recuerda siempre que el talento en tu equipo es crucial para el crecimiento tanto de ti mismo como de las personas a tu cargo.

A través de las páginas de esta obra pusimos de relieve diversos conceptos esenciales tales como la atracción, la formación y la retención del talento en tu organización. Abordamos historias, contextos históricos, relación entre las fases, tipos de liderazgo y alternativas de evaluaciones. Aprendimos cómo contratar y "vender" tu empresa al mejor talento, identificarlo y, por supuesto, formarlo para que esté alineado con tu organización. Vimos también la importancia del retorno de inversión en capacitación, sugerencias de reclutamiento y detección de necesidades de capacitación sin descuidar tu misión y filosofía.

Asimismo, le dimos un vistazo al coaching, ese "ente nebuloso" que hoy día está en boga, el cual, adecuadamente aplicado, puede tener gran impacto en tu equipo, empresa u organización.

Atraer, formar y retener el talento se ha convertido en un proceso trascendental del mundo moderno; incluso ha tomado tintes de una guerra por preservar a los individuos más talentosos en sus filas. El camino del talento puede ser largo, por lo que la aplicación de la información contenida en esta obra puede quizá llevarte un par de años; sin embargo, te sugiero que vayas paso a paso. Si, por ejemplo, perteneces ya a una organización en donde todo esto se encuentre establecido, busca dónde puedes mejorar, dónde puedes tener el mayor impacto y dónde tendrás un mejor retorno.

Este libro ha mantenido la intención de sensibilizarte en la importancia del constante camino del desarrollo y mejora tanto de ti mismo como de las personas que diriges. Sin embargo, leerlo es solo el principio de esta gran aventura, pues es tu responsabilidad seguir aprendiendo, creciendo y cambiando. A lo largo de esta obra menciono varios autores y libros que me sirvieron como inspiración, conocimiento, mentoría y aprendizaje. A la par, te sugiero algunos otros autores que te servirán para complementar tus conocimientos: John Maxwell, Tim Ferris, Vince Poscente, Liz Wiseman, Jim Collins y Micheal Gerber.

Para concluir, quisiera citar a uno de mis mentores, Robert Kiyosaki, quien un día me dijo: "Luis, recuerda siempre que la mejor manera de aprender es enseñar...".

De manera que te invito a que transmitas esta información a alguien, ya sea a tu equipo de trabajo o a tu familia. Reitero que todo esto es también aplicable en el ámbito personal y familiar. Rodéate de personas que procuren hacer crecer a sus equipos de trabajo, únete a grupos de consultoría y capacitación, redes de Recursos Humanos. ¡No te quedes quieto! Busca, busca y... busca.

Profesionalmente, llevo más de diez años apoyando a cientos de empresas y miles de personas a que logren tener el talento que buscan, a crecer en su propio talento y a hacer el camino más fácil, lo cual está plasmado en estas líneas. ¡Sácale todo el provecho del mundo!

Si gustas avanzar en el proceso y hacerlo sencillo, en nuestra página talentwar.com encontrarás más información, consejos, entrevistas y, sobre todo, herramientas que te permitirán aplicar lo aprendido. Ingresa, ¡la mayoría del contenido es gratis!

Si tienes una empresa y buscas apoyo externo, búscanos en info@asgar.com.mx ¡Estoy seguro de que podemos apoyarte! Ser responsable del talento en una organización no es fácil. Requiere muchas habilidades, conocimientos y tu propio talento.

¡Desarróllalo y evoluciona!

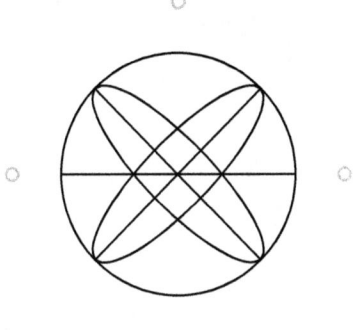

www.ingramcontent.com/pod-product-compliance
Lightning Source LLC
Chambersburg PA
CBHW081917170426
43200CB00014B/2756